KB205687

얼마나 좋은가
한 데 모여
사는 것

얼마나 좋은가 한 데 모여 사는 것

첫판 1쇄 | 2011년 5월 10일

지은이 | 이종연
펴낸이 | 김은옥
펴낸곳 | 올리브북스

주소 | 부천시 원미구 중동 1152-3 메트로팰리스1차 B동 328호
전화 | 032-233-2427
전자우편 | kimeunok@empal.com

출판등록 | 제387-2007-00012호

ⓒ 2011, 이종연
이 책의 저작권은 저자에게 있습니다. 저자와 출판사의 서면 동의 없이
내용의 일부를 인용하거나 발췌하는 것을 금합니다.

ISBN 978-89-94035-15-4 03230

■ 총판 소망사 02-392-4232(전화), 392-4231(팩스)

행복한 공동체 기행

얼마나 좋은가
한 데 모여 사는 것

이종연 지음

힌네 마톱 우마나임 쉐베트 아힘 감-야하드.
카쉐멘 하톱 알 하로쉬 요레드 알 하자칸!

"형제들이 심지어 연합하여 함께 사는 것이 얼마나 어찌 그리 선하고
유쾌한가! 머리에 있는 좋은 기름이 수염에 흘러내림 같도다!"(사역)

이종연 자매의 《얼마나 좋은가 한 데 모여 사는 것》은 시편 133
편 1절에 대한 이야기체 해설서다. 이 시편은 여러 가지 이유로 야웨
께서 주신 기업의 터가 붕괴되고 거덜 나서 더 이상 조상들이 살던
땅에서 살지 못하여 이산과 유랑으로 내몰리는 연약한 지체들을 품
으라고 격려한다. 특별히 가난한 형제들과 연약한 이웃들과 함께 사
는 것은 얼마나 아름다운가를 해설한다. 형제자매들이 한 데 모여
사는 것, 그것은 하나님 아버지의 자애로운 돌봄 아래서도 부단한
자기 부인과 겸손, 성령의 쉼 없는 감동이 없이는 불가능한 일이다.
그러나 형제자매들이 한 데 모여 사는 시도가 있는 곳, 그곳에 하나

님의 복과 영생의 기름부음이 있고, 시온 들판을 적시는 은총의 우로가 내린다.

본질적으로 공동체는 자신을 작은 자, 형제자매들 안에서 완전해질 수 있고 성숙해질 수 있다고 믿는 영혼들의 보금자리다. 홀로 강한 자, 홀로 부한 자는 공동체가 족쇄가 되고 사슬이 될 뿐이다. 하나님 나라는 본질적으로 독수리나 사자들의 공동체가 아니라, 제비와 참새, 어린 양과 어린아이 같은 자기를 비운 사람들의 집이다.

다른 사람들이 나의 경쟁자, 내 인생 성공의 걸림돌이라고 생각하는 익명적 각축의 자리인 도시 문명에서는 꽃피기 힘든 문화다. 공동체는 기독교가 부서지고 파편화된 세상에 줄 수 있는 가장 아름다운 문화요 축제다. 하나님 나라에 대한 가장 근접한 자리가 공동체다. 풀무학교의 교훈, "'더불어 사는' 평민이 되라"의 실험장이리라.

이 책은 이 땅에서 하나님이 명하신 복과 영생을 사모하며 한 데 사는 작고 겸손한 영혼들의 모듬살이를 살갑고 정겨운 눈으로 소개한다. 저자가 일하는 잡지 <복음과 상황>에 기고된 글들에서 시작되었다. 따로 읽혔을 때보다 한 데 모아 읽으니 지상에 실험되고 있는 열한 군데 기독교 생활공동체를 직접 탐방해보고 싶은 열망이 더욱 솟구쳐온다.

저자 서문에 언급되어 있듯이 이 글들은 저자의 발품을 팔아 쓴 기행문학이요 체험문학이다. 모두 열한 곳의 기독교 공동체를 섬세

하고 깔끔하고 소담스런 문체로 그리되 각각의 특징도 잘 부각시키고 있다. 공동체가 어떻게 운영되고 있을까 궁금할 때 즈음이면 공동체의 실제 운영상황을 엿볼 수 있는 해설이나 공동체 지체들의 설명이 나온다. 중간중간에 곁들여진 사진들은 평화롭고 글 중간중간에 인용된 금언들은 감동적이다.

"하나님은 침묵의 친구이시다." "앞두 보구 어기야하 옆도 보면서 어기야하 잘 좀 매세 어기야하" 등등 마음에 새길 가르침들이 페이지마다 새겨져 있다. 그래서 공동체를 탐방해보고 싶은 마음이 일어나는 독자들을 위해 교통 정보가 각 장의 마지막에 실려 있다. 저자의 섬세한 관찰력, 대화법, 그리고 공동체 정경묘사 등 금방이라도 공동체 기행에 참여하고 싶은 마음을 일으키기에 부족함이 없다. 하나님은 살아계시다!

김회권 목사

숭실대 기독교학과 교수

나를 찾아 떠나는 여행,
그곳엔 사람들과 삶이 있었다

부산으로 출장을 다녀왔다. 광안리 바닷가를 맨발로 거닐고 밤이 새도록 동료들과 이야기꽃을 피우다가 새벽 5시, 서울행 KTX 첫차를 탔다. 좁고 불편한 의자 안에서 3시간을 방황하다가 서울에 도착. 기차에서 서울 땅을 밟는 순간, 집에 가서 편하게 잠 좀 자자는 생각이 들기도 전에 나는 떠나고 싶다는 열망에 사로잡혔다. 피곤도 집어삼킬 듯한 떠남에 대한 갈증이 목을 휘감았다. 나는 떠나야 행복한 사람이었다. 그것은 방황도 도망도 맞다. 그러나 나답게 살기 위한, 나를 찾는 '여행'이기도 했다.

그래서 떠났다. 처음 떠남을 시작한 것은 2005년 봄. 대학 3학년 때였다. 6개월 동안 여행을 하기로 작정하고 파리행 비행기를 탔다. 프랑스 남서부 지역에 떼제(Taizé)라는 수도원이 있다고 들었다. 방문객은 일주일 동안 지낼 수 있는데 봉사자 자격으로는 몇 개월도 체류 가능하다는 말을 듣고 연락을 했다. 그랬더니 단박에 거절 메일이 날아왔다. "처음 오시는 분은 장기 체류가 불가능합니다." 여러 번의 메일이 오갔다. '와서 담당 수녀님과 상의하고 봉사자로 지낼 수는 있지만 확답을 드릴 수 없다, 이쪽의 동의 없이 이곳에 오겠다고 휴학을 한 것은 이해하기 어렵다. 그런 조건이 아니라면 언제든 환영한다'는 대답 이상은 기대할 수 없었다. 장황하게 적어 보낸 내 메일에 부끄러움이라는 꼬리표가 붙었고 나는 기가 죽었다.

어쨌든 떠났다. 떼제에서 장기간 머무는 게 어렵다면 다른 곳으로 가면 된다. 다음 일은 가서 생각하자였다. 처음 여행치고는 굉장한 무모함이었다. 그런데도 설레고 흥분한 마음이 풍선처럼 부풀어 올랐다.

다행히 떼제에서 4개월 동안 머무를 수 있었다. 봉사자로 지내는 동안 나를 담당했던 안나 카린 수녀님은 언제나 온화하고 믿음의 확신에 가득 찬 얼굴로 나를 바라보며 말씀하셨다.

"하고 싶은 이야기를 하렴."

그러면 나는, 정리되지 않은 꿈들, 기도하면서 떠올랐던 생각들,

이해되지 않는 신에 대해 물었다. 그리고 어느 날 수녀님께 말했다.

"수녀님, 이제 저는 이곳을 떠나야 할 것 같아요. 또 다른 곳에서 나를 찾고 싶어요."

한 달 동안 스위스, 이탈리아, 프랑스를 여행했다. 적은 돈으로 여행하는 터에 맥도날드 햄버거를 자주 먹었고 값싼 숙소를 알아보느라 스위스 베른에서는 한밤에 캐리어를 끌고 슈피탈 거리를 헤매며 밤거리를 배회하는 아이들 덕에 무섭기도 했지만 결국엔 행복했다. 청량한 아레 강의 향내에 취해 배고픈지도 몰랐다.

프랑스 파리에서 일주일을 보낸 후 도버 해협을 가르고 영국으로 가는 유로 스타를 탔다. 형제들의 공동체라 불리는 브루더호프 (Bruderhof)에 가기 위해서였다. 햇살이 좋은 오후에 브루더호프가 있는 다벨에 도착했다. 여행하면서 지쳤던지 살갗을 뚫고 나온 물집들로 몸이 가려웠지만 마을 입구에서부터 나를 반겨준 평화 공원(peace park) 덕분에 따뜻한 눈물이 흘렀다. 두 달 동안 지내겠다고 공동체 가족들에게 말했다. 기운이 생동한 사람들이 언제나 환하게 웃어줬고 저녁식사에 초대해서 내 이야기에 마음까지 쫑긋거려주는 데이지네 가족들 모습에 내가 귀한 사람으로 느껴졌다. 그렇게 두 주가 지나고 200명 가까운 공동체 식구들이 함께 식사를 마쳤을 때 나는 자리에서 일어나 말했다.

"저는 이제 한국으로 돌아가려고 해요. 이곳에서 지내는 동안 어떻게 살아야 하는지 잘 배웠어요. 제가 살아야 할 곳은 한국이니까 저는 한국으로 갈게요. 해결된 질문들, 아직 고민해야 하는 문제들이 있지만 평생 기쁘게 고민할게요."

그리고 3년이 흘렀다. 나는 대학을 졸업했고 기자가 되었다. 전혀 생각지 않았던 직업이었는데 기자가 되고 보니 좋은 점이 많았다. 어느 날엔가 선배가 말했다.

"월간지 기자의 장점을 살려봐. 마감 끝내놓고 머리도 식힐 겸 공동체 기행 같은 거 해보면 어때?"

그렇게 2007년 봄에, 나의 공동체 기행은 시작되었다. 신참내기 기자가 일주일씩 책상을 비우고 돌아다닐 수 있는 기회를 선배가 가르쳐주었고 편집장도 흔쾌히 허락해주었다.

공동체 기행이라지만 철저히 나는 혼자였다. 낯선 곳에 발걸음을 들여놓는 것이 설레기도 했지만 생전 처음 보는 사람들과 부대끼며 며칠씩 지내기가 두렵기도 했다. 그들이 나를 배타하진 않을까, 내 잠자리는 어떨까. 하지만 돌아오는 날에는 여실히 아쉬웠다. 그들이 각자의 삶을 충실히 잘 살아내고 있었기 때문이다. 그래서 나는 돌아와야 했다. 나도 몹시도 충실히 내 삶을 몹시 잘 살아야 했다.

　오늘도 나는 또 다른 '나를 찾아 떠나는 여행'을 준비한다. 내 잠자리는 여전히 응암동 어디쯤이고, 회사는 서교동 한 편이지만 기회만 있으면 떠난다. 떠나야 돌아올 수 있는 운명인가 보다.

　공동체를 취재하며 그들의 이야기를 글과 사진으로 담아내는 이 일이 결국에는 내 인생의 길잡이가 되고 있음을 알기 때문이다. 나를 찾아 떠나는 여행, 그곳엔 사람들과 삶이 있었다.

　바싹 마른 건초더미에 불을 붙이면 삽시간에 들판이 불길에 휩싸이듯, 나를 찾는 여행에 목말라 하는 이들에게, 더불어 살아가는 삶, 공동체적 삶을 갈망하는 이들에게, 이 책이 하나의 불씨가 되기를 소망한다.

2011년 4월

이종연

차례

세계의 구원은 공동체 내에서
공동체를 통하여 존재한다.
_스캇 펙

1장

말없이 하나님과 대화하는 사람들
한국디아코니아자매회

때로는 존재 자체로 교회가 의미를 가지고
희망의 등불과 같은 역할을 할 수 있지요.
아름다운 자연을 통해 같은 피조물인
우리 인간의 마음이 정화되듯이 …

Nada te trube nada te espante quien a Dios tiene nada te falta

Nada te trube nada te espante solo Dios basta

두려워 말라 걱정을 말라 주님 계시니 아쉬움 없네

두려워 말라 걱정을 말라 주님 안에서

프랑스에 있는 수도공동체 떼제에서 자원봉사자로 지내며 종종 불렀던 노래다. 떼제 노래는 특성상 넉넉히 열 번 이상 부르다 보면 어느새 입에 붙어 내 나라 말처럼 부르게 되는 묘한 매력이 있다.

이 노래를 한국디아코니아자매회 가는 길 내내 불렀다. 4박 5일이나 취재를 간다고 하니 "그렇게 길게 취재할 것도 없는데" 하시며 흔쾌히 허락하지는 않았던 언님과의 전화 통화가 떠올라 나도 모르게 걱정이 됐나 보다.

천안역에서 병천 우체국까지는 버스로 한 시간 남짓 걸렸다. 병천 우체국에서 자매회까지 걸어오거나 택시를 타라고 하기에 시간 여

유가 있어서 걸어가기로 했다. 20분쯤 걸어가니 2킬로미터 남았다는 표지판이 눈에 들어온다. 그리고 또 20분쯤 걸으니 0.8킬로미터 남았단다.

그런데 거기서부터는 오르막이다. '이게 걸어갈 거리란 말이야?' 숨이 가빠지고 땀도 나기 시작하는데 스스로 자제가 된다. 걸으면서 느끼며 보았던 자연의 풍성함과 시원한 바람에게 미안해지고 싶지 않았기 때문이다. 꼬불꼬불 돌아가는 길 곳곳에 핀 개나리를 위로삼아 또 그렇게 걷는다. 20분쯤 더 걸어 자매회에 도착했다.

'영성과 평화의 집' 앞에서 "씩씩하게 걸어오셨네요" 하고 인자한 얼굴로 언님이 반겨 주신다. 그 순간 지친 마음이 싹 가신 것은 그분이 '언님'이었기 때문이다. 존재로 위로가 된다는 것은 그래서 중요하고 자매회가 거기 그 자리에 있어야 하는 이유가 된다는 것을 그곳을 떠날 때쯤에야 알았다.

한국디아코니아자매회 발자취

▲ 노종숙 언님

병천의 옛 이름인 아우내는 두 개의 내(川)가 하나로 합쳐진다는 뜻이다. 남자와 여자, 남과 북, 동양과 서양, 인간과 자연 등이 하나로 합쳐지는 것이 영성이라고 한 노종숙 언님의 말이 아우내와 만나니 더욱 값지게 다가온다.

한국디아코니아자매회는 1980년 5월에 닻을 올렸다. 민중신학자 안병무 선생이 그 시작에 깊이 관여하였다. 이 공동체는 초교파 개신교 여성 수도공동체로서 다섯 명의 여성이 전남 무안의 결핵환자요양소 여자 병동에 거처를 마련하고 기도 수련과 환자들을 돌보는 일을 함께하면서 시작되었다.

현재 모원(母院)은 충남 천안 병천에 있다. 이곳에서는 언님들이 '영성과 평화의 집'을 운영하며 한 달에 두 번 기도수련프로그램을

진행한다. '영성과 평화의 집'은 바쁘고 고단한 삶에 지친 이들이 조용히 주님과 머물기 원하는 피정의 집으로, 1박 2일 혹은 4박 5일 일정으로 열리는데, 개인 혹은 단체가 올 수 있고 자체 수련회를 할 수도 있다. 분원(分院)은 전남 무안에 있고 이전까지 결핵요양원 운영과 농촌보건개발 사업을 해오다가 2005년부터 '한산촌 노인요양원'을 운영하고 있다.

한국디아코니아자매회에서는 회원을 부를 때 '언님'이라고 부른다. '어진 님, 좋은 님'이라는 뜻을 가진 우리의 옛말이다. 세상의 시시비비에 휘둘리지 않고 예수의 정신을 좇아 오늘도 자매회를 찾는 손님을 반가이 맞이하고 있을 그분들에게 언님은 참 잘 어울리는 호칭이라는 생각이 든다.

자매회의 언님이 되기 위해서는 지원기 약 1년, 수련기 3년, 기간 회원기 2년의 수련 기간을 거쳐야 한다. 하나님을 섬기고 이웃을 사랑하며, 공동체를 이루어 수도적 생활을 열망하는 40세 미만의 독신 여성이 지원할 수 있다.

침묵 속에 새로워지는 기도

자매회에 대해 아는 게 많지는 않았지만 첫날부터 다음 날까지 침묵 피정이 있다는 것이 그곳에 가고 싶었던 가장 큰 이유다. 테레사 수녀는 "하나님은 침묵의 친구이시다"라고 했는데 그것은 침묵의 매력을 조금이라도 맛본 사람에게는 깊이 공감되는 말일 거다.

저녁 6시 30분. 식당에 모여서 침묵 피정에 함께할 아홉 분과 식사를 했다. 소박하지만 정갈하게 담긴 반찬들, 잡곡밥, 김치전…… 정말 맛있었다. 후에 "다음에 여기 오게 되면 아마 입맛 없을 때 올 것 같다"고 말했는데 그건 백배 진심.

식사 후 침묵 피정이 시작되었다. 입을 닫을 뿐 아니라 생각까지 닫는 침묵과 함께 말이다. 기도수련을 담당하시는 노종숙 언님은 "기도란 상대의 현존을 경험하는 것으로, 우리가 방송 프로그램을

보기 위해 채널을 맞추듯 하나님의 소리를 들을 수 있는 상태를 잠심 상태, 즉 잠잠한 마음으로 준비된 상태"라고 했다.

잠심 상태에서는 머리로 떠오르는 모든 생각이나 느낌을 그대로 흘러가게끔 내버려둬야 한다. 그 과정을 통해 감정을 나와 동일시하던 상태에서 감정을 성찰하는 상태가 되면, 감정에 휘둘리지 않고 '나'로 존재하면서 하나님과 교제할 수 있게 된다. 움직이지 않고 한 시간씩 앉아서 침묵하며 기도하는 것이 처음부터 쉽지는 않다. 시간이 지나면 발도 저리고 졸음도 온다. 기도의 자리에서 육신의 한계를 경험해야 하는 것이 더 고통스럽게 느껴진다. 하지만 언님은 그것

까지 자신으로 인정하고 그 생각도 흘려보내라고 하신다. 십자가와 불빛 아래 우리의 기도는 새로워지고 있었다.

둘째 날, 안개가 자욱한 아침이다. 곧 기도할 시간임을 알리는 종소리가 들린다. 가부좌를 틀고 어느새 각자 하나님과 대면하기 위해 자리를 잡고 앉았다.

오늘은 '기도는 왜 하는가?'를 강의로 듣는다. 영의 존재, 곧 온전한 존재가 된다는 것. 이는 신비스러운 존재가 된다는 뜻이 아니라 옳고 그름의 판단이 사라지고 하나님과 일치되고 통합되는 것을 의미한다. 남자와 여자, 거룩한 것과 속된 것, 영과 육, 나와 너를 구분하기 좋아하는 우리의 이분법적 사고에 일침을 가하는 순간이다. 생각해보면 사람, 사물, 사실, 그것들은 그냥 그것일 뿐이다. 그러나 그것을 그대로 인정하는 것이 우리에게는 너무 어렵다. 나의 사고의 틀은 늘 옳고 나는 잘 살고 있는 듯하니 말이다. 파울로 코넬료도 그의 책 《피에트라 강가에서 나는 울었네》 작가 노트에서 비슷한 말을 한 적이 있다. "받는 것보다 더 많이 주고 있다는 생각 때문에 고통스러운 건 아닌가. 우리가 만든 규칙이 받아들여지지 않아서 괴로운 건 아닌가. 본질적으로는 아무런 이유 없이 괴로워하고 있는 게 아닌가." 그의 통찰이 참 옳다.

어떤 이는 영국에서 선교활동을 하다가 며칠 뒤 목사 안수를 받는데 그 전에 하나님께 온전히 헌신하고 싶은 마음에 이곳을 찾았고, 또 어떤 이는 친구를 위해 기도하고 싶어 왔다고 했다. 함께했던 아홉 명 중 두 명은 1월부터 지금까지 매달 참석하고 있다. 각자 사연도 다르고 기도의 내용도 다르지만 침묵 피정의 마지막 순서인 나눔의 시간에 들려준 고백은 어느 하나 귀하지 않은 것이 없다.

God is the friend of silence.
See how nature-trees, flowers, grass-grows in silence
see the stars, the moon and the sun, how they move in silence
We need silence to be able to touch souls.

하나님은 침묵의 친구이시다.
나무, 꽃, 잔디와 같은 자연이 침묵 속에서 자라나는 것을 보라,
별과 달과 태양을 보라, 얼마나 침묵 속에서 움직이는가.
우리는 침묵이 모든 영혼과 맞닿기를 원한다.
_마더 테레사

우리에게도 침묵이 필요할 때가 있다.

일상에서 묻어나는 '하나님 내'

자매회에서 지내는 동안 언님들은 특별한 행사를 보여주려 하지 않으셨다. 늘 하던 대로 노동을 하며 하루 세 번 기도했고 끼니때가 되면 감사의 노래를 부르며 즐거운 식사를 했다(특별히 식사시간에는 유쾌한 대화들이 쉼 없이 쏟아진다. 소소한 이야기에 꼬리를 물고 이어지는 이야기에 언님들은 소녀처럼 까르르 웃곤 하신다). 노동과 기도로 이루어진 소박한 생활이다. 해가 좋으면 나물을 뜯으러 가기도 하고, 산책에 동행해주시며 가만가만 이야기를 들어주기도 하셨다. 마음 상한 일이 있어 연락도 없이 찾아온 사람들에게 위로의 말을 전하고, 공동기도를 할 때에는 빼놓지 않고 그들을 위해 기도하는 것이 언님들의 일상이었다.

그렇게 일상은 흘러가는 듯하지만 이따금씩 대화를 나누다 묻어나오는 언님들의 '하나님 내'는 감출 수가 없다.

"여기 혹시 멧돼지도 사나요? 밤에 밖에서 뭔가 자꾸 뛰어다니는 소리가 나요."

"아, 멧돼지는 아니고 고라니예요. 그러고 보니 그 녀석이 튤립을

다 뜯어먹었구나. 올해는 튤립을 못 보겠네."

"고라니를 직접 키우시는 거예요?"

"허허. 우리 하나님이 키우는 거지요."

"이건 독특하게 생겼네요? 이름이 뭐예요?"

"이건 고사리과 나물인데 이름은 고비예요. 손이 많이 가긴 하지만 고사리보다 훨씬 맛있죠."

"여기서 먹는 나물은 전부 직접 기르시나 봐요?"

"아니에요, 하나님이 키운 거 그냥 가져와서 먹어요."

취재 일정이 끝나는 마지막 날. 준비해주신 아침식사가 더욱 감사했던 이유는 마지막 날이라고 식탁 위에 촛불까지 올려주신 김옥태 언님의 섬김 때문이었다.

점심때 반가운 분이 찾아오셨다. 자매회가 이곳으로 모원을 옮기고 난 이후로 이 지역에서 필요한 곳을 연결해주고 사소한 편의까지 돌봐준 천안살림교회 최형묵 목사이다. 최 목사는 한국디아코니아 자매회에 대해서 "우리가 흔히 역할을 생각할 때는 기능적인 면을 생각할 때가 많지요. 하지만 때로는 존재 자체로 교회가 의미를 가지고 희망의 등불과 같은 역할을 할 수 있지요. 아름다운 자연을 통해 같은 피조물인 우리 인간의 마음이 정화되듯이, 이 공동체를 통해 우리 마음이 정화되면 좋겠어요"라고 말했다.

햇살 좋은 마당에 복숭아꽃이 만개했는데,

그 열매 더욱 맛있다 하니 여름에 찾아오면 좋겠다.

너무 작아 스치기 일쑤인 큰개불알꽃이

복숭아나무 아래 한가득 피었는데,

그 빛깔 참 고와 하늘을 닮았다는

언님의 순박한 고백을 또 듣고 싶다.

붉은 철쭉, 흰 철쭉. 밤새 내린 비 맞고 꽃망울을 머금었는데,

몽우리 터지길 기다리는 소망의 마음으로

언님들 안녕히 계세요.

충남 천안 한국디아코니아자매회

홈페이지 : www.kordiakonia.or.kr

주소 : 충남 천안시 병천면 6리 산 33

전화 : 041) 9802-9803

찾아가는 길

고속버스를 이용할 때 : 천안 종합버스터미널 앞 정류장에서 400번대의 병천행 버스를 타고, 병천 우체국 앞에서 내려서 택시를 이용하면 된다(20분 소요).

기차를 이용할 때 : 천안역 광장에서 오른쪽으로 돌아가면 버스 정류장이 있다. 400 번대의 병천행 버스를 타고, 병천 우체국 앞에서 내려서 택시를 이용하면 된다(20분 소요).

자가용을 이용할 때 : 경부고속도로 - 목천IC(독립기념관) - 병천(아우내장터) - 병천면 사무소 - 신세계 아파트 - 영성과 평화의 집(한국디아코니아자매회)

택시를 이용할 때 : 병천 면사무소 방향으로 진행 - 신세계 아파트 앞에서 좌회전하여 2km - 이호농산 앞에서 좌회전하여 산길로 800m 오면 영성과 평화의 집(한국디아코 니아자매회)에 도착한다(10분 소요).

2장

풀무농업고등기술학교 환경농업전공부

일하며 공부하며
풀무학교 전공부

모두가 1등만을 외치는 시대에 풀무학교는
'더불어 사는 평민'이 되라고 가르친다.
하나님과 이웃, 그리고 자기 자신과 더불어 살기를 권한다.

앞두 보구 어기야하 옆두 보면서 어기야하

잘 좀 매세 어기야하 잘도 맨다 어기야하

여기는 풀무학교 전공부 실습현장. 오늘의 실습 내용은 논 김매기
다. 김매기를 할 때 부르는 홍성지방 농요 건쟁이를 실습 담당 장길
섭 선생이 선창하자 학생들이 "어기야하" 하며 장단을 맞춘다.

"어때? 할만 해?"

"제가 풀을 뽑는지, 풀이 저를 뽑는지 모르겠는데요."

"허허. 처음부터 쉽지는 않지. 김을 맬 때는 말이야. 어머니의 가
려운 등 긁어주듯 이렇게 논바닥을 긁으면 돼. 남김없이 여기저기 다
긁어. 긁을 때 흙 감촉이 어때?"

"부드러워요."

"맞아. 촉감이 어머니 젖가슴 같지 않아? 그래서, 땅을 어머니라
고 하는 게 꼭 맞아. 그런 땅에 농약을 뿌리고 제초제를 쓰면 땅이

어떻게 되겠어? 어머니한테 약 주는 거랑 똑같은 거야. 그래서 우리는 약을 절대 안 써. 대신 오리 넣어서 벌레 잡고 사람이 직접 김매기 하는 거지. 이렇게 농사를 지었는데 누가 와서 '쌀 얼마예요?'라고 물으면 어떻게 말을 할 수가 없어. 그걸 어떻게 돈으로 계산할 수가 있어!"

장 선생은 이내 다시 농요를 부르기 시작했다.
"앞두 보구 어기야하, 옆두 보면서 어기야하, 잘 좀 매세 어기야하, 잘도 맨다 어기야하."

노랫가락에 줄을 맞춰 가려워하는 논 등을 다 긁어주고 보니 어느새 해가 산을 넘고 있다. 트럭 뒤에 올라타고 이제 학교로 돌아간다. 시원한 바람에 사람들의 웃음도 참 시원한 풀뭇골의 하루가 지고 있다.

더불어 사는 평민들, 풀무학교의 작은 역사

▲ 홍성 문당리 환경교육관 대표이자 마을 지도자인 주형로 선생

▲ 풀무농업고등기술학교 정승관 교장

풀무농업고등기술학교(풀무학교)는 1958년 4월 충청남도 홍성군 홍동면에서 시작되었다. 일제강점기 민족 교육의 요람이었던 오산학교를 세운 남강 이승훈 선생의 종손 밝맑 이찬갑 선생과 홍동 출신의 샛별 주옥로 선생 두 분이 학교를 세웠다. 이찬갑 선생은 함석헌 선생과 함께 무교회 기독교에 공감했고 주옥로 선생도 그러하여 함석헌 선생의 집회와 김교신 선생의 후계자들이 이끄는 모임에 갔다가 이찬갑 선생을 만나게 되었다고 한다. 풀무학교는 이제 개교 50주년을 맞는다.

풀무학교 전공부는 풀무농업고등기술학교 전공과정 환경농업과를 줄여서 부르는 말이다. 기존의 풀무학교 고등부는 기초, 전인교육 과정으로, 학교 설립 이상이었던 '교육·기독교·농민', '그리스도인·농촌 수호자·세계의 시민

새날의표어

헤쳐감의표장인부지런히일하며
찾아감의표장인부지런히공부함
이로우리삶의터전을삼을

밝맑 이찬갑

▲ 풀무농업고등기술학교

양성'을 위해 연장교육이 불가피하다고 생각해서 2001년, 2년 과정의 전공부를 개설했다. 고등부는 고등학교 학력으로 인정이 되지만 전공부는 학력인정은 안 되고 인가만 받아 교육하고 있다.

현재 고등부에는 77명의 학생과 23명의 교직원이 있고, 전공부에는 13명의 학생과 10명의 교직원이 있다. 학생들은 모두 기숙사 생활을 하고 강사를 제외한 선생님들은 대부분 홍동 일대에 산다.

무엇보다 눈에 띄는 것은 풀무학교의 교훈이다. 모두가 1등만을 외치는 시대에 풀무학교는 '더불어 사는 평민'이 되라고 가르친다. 하나님과 이웃, 그리고 자기 자신과 더불어 살기를 권한다. 마을이 곧 학교라고 생각하기 때문에 지역과도 더불어 살라고 가르치고 더 나아가 그 범주는 이웃나라도 포함하여 곧 세계 평화를 지향하도록 한다. 그래서 성서를 배우고 공동체 생활을 하며 마을 일을 돕기도 하고 학교에는 외국에서 온 학생들도 있다.

전공부에서의 행복한 하루

"소깨비가 뭔지 아세요?"

"일만 하면 소, 공부만 하면 도깨비. 그러니까 일도 하고 공부도 하는 사람이 되자고 해서 '소깨비'인가 봐요?"

전공부에서 쇠돌이로 통하는 1학년 소영 씨가 질문을 했다. 취재

전 《풀무학교 이야기》를 읽은 터라 책 읽은 티를 내며 뿌듯하게 대답했다. 그렇다. 일도 하고 공부도 해야 사람인 것이다. 특히 전공부는 농업을 공부하는 학생들이 모인 만큼 농사일도 공부만큼 열심히 해야 한다. 5월 말부터 6월 중순까지는 모내기와 밭일이 많아 4주 동안 실습기간으로 정해 농사일만 한다. 그랬더니 지난주부터 시작된 교실 수업에 학생들이 아직 적응이 안 된다고 하소연도 한단다. 1학년 청규 씨는 "정신이 없다"고 표현했다. 앞으로 농사짓고 살 생각을 하는 1학년 케니 아저씨에게는 그 정신없음이 속 깊은 성찰의 결과이기도 하다.

"이렇게 농사일을 하다보면 아무 생각 없이 일할 때가 있어. 하지만 그게 좋을 때도 있거든. 나는 하늘과 땅의 뜻에 가장 맞는 게 농사라고 생각해."

농사에 대한 열정은 캄보디아에서 지난 2월에 한국에 온 사론 씨에게도 가득하다. 사론은 대학에서 4년 동안 농업을 공부했다. 전공부에서 유기농법과 생태농업에 대해 공부하고 싶어 하는 그는 캄보디아에 돌아가서 행복한 농장을 만들고 싶다고 말했다.

오전에는 교실 수업, 오후에는 실습을 하는 전공부는 어제 논 김매기에 이어 오늘 오후에는 당근을 수확하는 실습을 한다. 일하기에 편한 복장으로 갈아입고 학교 뒤편에 자리한 당근 밭으로 출발. 계단식 밭이 양옆으로 늘어 있는데 그중 세 개가 당근 밭이다.

당근을 곧게 힘주어 수직으로 뽑은 후 당근이 조금 마르면 잎을 잘라낸다. 이중 길이가 15센티미터 이상이면서 무게가 130그램이 넘는 잘생긴 당근은 홍동중학교 급식실로 들어간다. 그런데 올해 당근 농사는 재미가 별로다. 가뭄이 원인이란다. 기대하며 쑤욱 뽑았는데 상당수가 길이가 짧거나 인삼처럼 뿌리가 여러 개인 경우도 있다. 이런 상태로는 급식실로 넘길 당근 양이 채워질지 걱정이다. 그래도 묵묵히 노래도 불러가며 당근 수확에 열심인 학생들. 누군가 "오늘 참은 당근이에요"라고 말하자 모두들 기겁을 하며 웃는다.

8시가 넘어가는데 아직 당근을 다 뽑질 못했다. 한 시간 전부터 오던 빗줄기가 굵어지자 장 선생님이 오늘은 이만 하자고 한다. 질이 좋은 당근은 박스에 담고, 가공 공장으로 갈 당근은 포대에 담아 경운기에 싣는다. 경운기에 한 가득 실린 당근을 보니 누가 "당근 얼마예요?"라고 물으면 뭐라고 대답해야 할지, 묻지도 않는 상상을 하게 된다. 어제 논 김매기 할 때 장 선생님이 말했던 마음의 백분의 일이라도 이해한 걸까.

풀무학교는 고등부와 전공부 모두 동아리 활동이 활발한 것으로도 유명하다. 풍물 동아리가 저녁을 먹고 본관 2층 도서관 한 편에 자리를 잡고 연습을 시작했다. 굿거리, 자진모리 등 기본적인 장단을 연습하고 7채 연습에 들어갔다. 장애가 있는 동석 씨가 북 장단을 잘 못 맞추자 상쇠인 영준 씨가 직접 칠판에 가락을 적어준다.

"땅도땅 땅도땅 땅도땅도 땅도땅 땅도땅 땅땅 도땅 도땅."

그리고 동석 씨가 가락을 익힐 때까지 함께 연습한다. 동석 씨가 가락을 익히도록 기다려주는 것은 영준 씨에겐 당연해보였다. 풀무학교에서는 속도가 중요하지 않아 보였다. 늦게 가더라도 함께 더불어 가는 것. 그것이 풀무의 정신이니까.

학교가 마을, 마을이 학교

풀무학교가 자리한 홍성군 홍동면은 지리적 위치로만 그 의미가 한정되지 않는다. 홍동면 일대의 230만평, 900여 농가가 유기농법으로 농사를 짓고 있다. 특히 오리농법(농약을 쓰는 대신 오리를 논에 넣어서 해충을 없애는 농법)이 유명한데 마을을 지나다 보면 논 한쪽 귀퉁이마다 오리집이 있고 오리들을 논에 풀어놓은 것을 볼 수 있다. 이곳 홍성환경농업마을은 자연을 생각하고 사람들의 건강을 위해 1977년부터 유기농법으로 벼농사를 짓기 시작했고 1993년에 오리농법을 도입했다.

마을 지도자 주형로 선생은 풀무학교에서 공부했고 할아버지 때부터 이곳에 살고 있는 홍동 토박이다. 현재 문당리 환경교육관 대표로 일하고 있는 그에게 마을 이야기를 들어보았다.

"1977년 처음 유기농법으로 벼농사를 지을 때 마을 사람들이 '저 쌀 먹으면 100년 살지' 하면서 빈정거렸습니다. 또 당시 정부가 생산량 증가를 위해 유기농을 반대했기 때문에 이렇게 유기농 얘기도 할 수 없었지요. 9000평을 농약 안 쓰고 특별한 기술도 없이 손으로 김을 맸어요. 그렇게 15년 동안 힘들게 일하고 나니 농사를 조금만 짓든가 새로운 기술이 필요하다는 생각이 들었습니다. 그리고 3일 뒤에 풀무학교 선생님이 일본의 오리농법 자료를 보내왔어요. 몹시 좋아서 마을 사람들에게 같이 해보자고 했지만 사람들은 내가 풀과의 전쟁을 하더니 드디어 미쳤다고 했습니다.

어쩔 수 없이 후배 한 명과 오리농법으로 농사를 지었는데 결과가 좋았어요. 다음해 1994년은 우루과이라운드가 채택된 해였지요. 저는 마을 사람들을 모아놓고 농산물 개방에 맞서 '원칙을 지키는 농사를 짓자'고 했습니다. 여기에 19농가가 동의해서 본격적인 유기농법을 시작할 수 있었지요. 또한 '도농일심' 즉, 도시와 농촌이 한마음이 되어서 농사를 짓자고 하여 기금을 모았어요. 시간이 지나면서 오리농법으로 농사를 짓는 농가가 늘어났고 지금은 홍동 일대의 900여 농가가 유기농으로 농사를 짓고 있습니다. 현재는 농사뿐 아니라 환경 교육관, 농촌 생활 유물관, 유기 재배 벼 전문 정미소 등을 지어 운영하고 있답니다."

전공부를 방문하는 것은 일반인들에게 허락되지 않지만, 이처럼 홍동면 일대에 교육관, 유물관과 빵집, 공방, 책방 등 둘러볼 곳이 곳곳에 숨어 있어 언제 와도 볼 것도, 배울 것도 많다.

홍순명 선생은 그의 책 《풀무학교 이야기》에서 "학교 이름에 '농업'이 들어가는 것은 전인 교육을 위해서는 농업 교육이 필요하기 때문이다. 농업이 자연과 생명을 살리는 기본 과목이다"라고 말했다. 풀무학교 전공부뿐 아니라 고등부 학생들도 농업 수업을 듣고 논밭으로 실습을 나간다. 자연을 살리고 생명을 살리기 위해 농업의 중요성을 배우고 실천해야 하는 사람은 익히 그것을 알고 있는 농사

꾼이 아니라 우리 젊은 세대가 되어야 하지 않을까.

전공부 수업 엿보기

"선생님, 오늘 지각하셨습니다."
"여러분도 제가 지각하고 수업 끝날 때는 빨리 나가는 걸 좋아하지 않을까요? 허허."

홍순명 선생이 웃으며 하는 말에 학생들도 따라 웃는다. 1학년 3교시 수업은 책 읽기. 2교시 일본어 수업이 늦게 끝나서 3교시가 조금 늦게 시작되었다. 밖에서 기다리던 홍 선생은 학생들도 좀 쉬어야지 않겠냐며 일부러 조금 늦게 교실에 들어갔는데 그런 변명보다는 질문에 흥을 더해 답을 한다.

오늘은 스위스의 교육자이자 사상가인 카알 힐티가 쓴 《교양론》을 함께 읽으며 공부한다.

"힐티는 독일에서 법학을 공부하고 스위스에서 법무관, 베른대학 국제법 교수, 국제중재재판소 위원 등 바쁜 공직생활을 하느라 휴가도 없이 굉장히 바쁘게 살았지만 하루 30분씩 꼭 책을 읽었대요. 그의 독서론은 고전을 읽으라는 것과 책부터 읽고 나머지 시간을 써야 한다는 것이었어요. 사람들은 책 읽을 시간이 없다고 하는데 필요 없는 시간을 잘 정리해야 한다고요."

홍 선생이 책 읽기의 중요성을 강조한 뒤, 오늘의 공부 과제가 적힌 복사물을 나눠준다. '교양의 어원이 무엇인가'부터 '참 교양이 무엇인가'까지 17개의 질문이 적혀 있다.《교양론》을 보며 답을 찾은 학생이 대답하고 토론하는 식으로 수업이 진행된다.

"교양의 어원이 뭐라고 나와 있나요?"
"교양의 어원은 '모양을 이룬다'는 뜻으로 본래 모양을 이루지 못한 자연 그대로의 상태로부터 그 소재가 이루어질 수 있는 최상의 상태를 향하여 발전되어 어떤 모습을 이루는 것입니다."

홍 선생과 학생들이 주거니 받거니 수업을 이끌어간다.

"… 그럼 마지막 질문을 해보죠. '지식이 없는 소박한 사람이 풍부한 교양을 가질 수 있는가?' 그런 사람도 교양을 가질 수 있어요, 없어요?"
"있어요!"
"지식이 많지 않고 소박한 사람도 상당한 교양이 있을 수 있어요.

남을 배려하고 허식이 없으며 거친 야심이나 초조에서 벗어나 정신의 건강을 유지하면서 모든 선한 것에 대한 헌신을 목표로 하는 거죠. 지극히 평범한 사람들과 어머니들 가운데 교양 있으신 분들이 많아요. 그래서 주변이나 자녀들에게 큰 감동을 주거든요. 지식으로 얻은 교양, 그건 사람을 교만하게 할 수도 있어요. 교양의 본질은 이기적인 걸 극복하고 감성적 존재에서 정신적 존재로 바뀌어 가는 과정이거든요. 어느 사회에서나 그런 교양 있는 사람이 많이 있어야 야만을 극복한 사회가 될 거라는 생각이 들어요."

수업시간 5분을 남겨놓고 책 읽기 수업이 끝났다.

취재가 늦어져 하룻밤 더 묵기로 했다. 마지막 밤이라 생각하니 쉬 잠이 안 온다. 안 쓰던 근육을 써 가며 농사일을 거들었던 걸까. 팔 다리가 부어 열이 나고, 손에 물집도 잡힌 게 영 도시스런 티를 낸 것만 같아 민망하다. 풀독까지 올라 걱정했는데 다행히 번지지는 않았다. 하지만 시간이 흐르면 모든 것이 즐거운 추억으로 남겠지. 그날이 기다려진다. 다음에 다시 전공부에 올 그날. 그때는 너스레를 떨며 물장화를 신고 논으로 첨벙 뛰어들 수 있을 것 같다.

충남 홍성 풀무학교 전공부

홈페이지 : www.poolmoo.or.kr
주소 : 충남 홍성군 홍동면 팔괘리 664번지
전화 : 041) 633-3021(교무실), 633-1419(행정실)

찾아가는 길

기차나 버스를 이용할 때 : 홍성역이나, 홍성버스터미널에서 각각 홍동으로 들어오는 버스를 이용하면 된다.

자가용을 이용할 때 : 서해안고속도로 - 홍성 IC - 국도 29번 - 홍성에서 청양 방면 국도를 이용하거나, 장곡 방면 지방도로(609번)를 이용하여 홍동으로 오면 된다(서울에서 1시간 50분 소요).

3장

예수를 사는 사람들
시골집

이 밥이 우리에게 먹혀 생명을 살리듯
우리도 세상의 밥이 되어
세상을 살리게 하소서.

시골집 식사기도

이 밥이 우리에게 먹혀 생명을 살리듯
우리도 세상의 밥이 되어
세상을 살리게 하소서

한 방울의 물에도 천지의 조화가 스며있고
한 톨의 곡식에도 만민의 땀이 담겨 있으니
감사한 맘으로 먹게 하시고
가난한 이웃을 기억하며
식탐 말게 하소서

꼭꼭 씹어서 공손히 삼키겠습니다.

세상을 살리는 세상의 밥들

'시골집'의 식사기도이다. 밥 먹을 때마다 한 톨의 밥 안에 담긴 만민의 땀을 기억하고 감사한다는 것이 우리 시대에 가능한 일일까? 누군가는 "그것이 과연 필요한 일인가" 물어올지도 모르겠다. 그러나 힘없고 불편한 몸을 가진 이들이 (그것을 굳이 약함이라 생각지도 않고) 살아가는 시골집에서는 자신의 삶을 담아 이 기도를 드리고 있다. 시골집은 일상에서 조용히 예수의 삶을 사는 작은 예수들의 집이다.

후에 임락경 목사 하는 말, "버스 기사가 이 동네 견습하러 왔다가 그날 사표내고 가더구만…" 하셨다. 참 험하다. 광덕고개, 참 험해서 버스 기사가 혀를 내두르고 도망갈 만큼. 포천 이동에서 그 광덕고개를 넘으면 광덕초등학교가 나온다. 거기서 오른쪽 길로 난 개울다리를 건너 조금 더 가면 왼편에 기와집이 한 채 있으니 그곳이 시골교회다.

"가끔 사람들이 식당인 줄 알고 차 몰고 들어왔다가 (다운증후군인) 봉수 보고 놀라서 차 돌려서 나가는 경우도 있다"고 말씀하는 시골집 이애리 원장. 그렇게 시골집은 누구나 발길 돌려 들어오고 싶게 생겼다.

몇 년 전 새로 지은 시골교회는 지붕에 기와를 얹고 처마 끝에는 풍경을 달아, 비오면 낙숫물 소리, 바람 불면 풍경 소리가 퍼져 나간다. 십자가 첨탑도, 교회 간판도 없는 모양이 예배당 같지 않아서 이곳 사람들이 즐겨 부르는 시골집이란 말이 더 어울린다.

처음 시골교회 이름을 지을 때 망할 교회라고 지으려고 했단다. 장애인도 없어지고 환경오염도 없어져야 하니 장애인들과 농촌에 살고 있는 우리 교회는 부흥하면 안 되고 망해야 한다는 의미에서였다. 그러나 (남들이 자꾸 물어봐서 그냥 1981년에 교회를 시작했다고 하시는 임 목사의 말에 따라) 26년이 지난 지금 시골교회의 모습은 오히려 든든하기만 하다.

이화여대 기독교학과 박경미 교수는 "지금의 기독교는 예수를 기념하는 종교지, 예수를 '사는' 종교가 아니"라고 했다. 예수의 모습을 닮은 교회가 드문 이유도 그 때문이다. 하지만 예수를 '사는' 사람들이 전혀 없는 것은 아닐 것이다. 시골집에 도착해 첫 식사를 하며 예수를 사는 이들의 이야기를 마음에 그려 보았다.

사는 이야기, 삶은 이야기

봉수 씨가 조심스레 다가와서 손을 내민다. 악수를 하자는 줄 알고 손을 내밀자 잡은 손을 위로 올리더니 나를 한 바퀴 휙 돌린다.

▲ 임락경 목사

춤 추는 걸 좋아하는 봉수 씨는 요즘 노래 배우는 재미에도 흠뻑 빠져 있다. 하경이가 풍금을 쳐줄라치면 바로 달려와 함께 노래를 부른다.

"우리들 마음에 빛이 있다면 여름엔 여름엔 파랄 거예요. 산도 들도 나무도 파란 잎으로……"

그는 그렇게 춤추는 것도 좋아하고 노래도 음정, 박자 조금씩 틀리지만 그만의 스타일로 멋들어지게 부를 줄 아는 시골집 스타이다.

광일 삼촌은 5년 전 우연히 라디오에서 시골집 이야기를 듣고 이곳에 왔다. 그때 일은 자세히 기억나지 않는다면서도 묵묵히 퇴비로 쓸 톱밥을 켜 담아 뒷간으로 가져가는 그의 익숙함을 보니 굳이 지난 이야기를 말하지 않아도 그의 삶이 이미 하나의 이야기가 된 듯하다.

추적추적 비가 내리는 오후. 광일 삼촌이 잔뜩 화가 났다. 까려고 물에 담가둔 마늘이 없어진 것이다. 또 서울 할머니(원래 이름은 이금빈인데 이곳에서는 서울 할머니라고 부른다) 짓이 틀림없다. 할머니는 뭐든지 몰래 감추고 모른척하기가 일쑤이다. 낮잠을 자던 할머니를 깨워 마늘을 어디에 감췄냐고 묻자 처음에는 시치미를 떼면서 모른다고 하신다. 광일 삼촌이 다그치자 할머니가 비닐하우스로 쭈뼛거리며 가더니 구석에서 마늘이 담긴 빨간 망을 슬쩍 꺼내셨다. 나중에 얘길 들으니 할머니는 일 년에 한번 올까 말까한 아들에게 주려고 뭐든 감춰두신단다.

우행 아저씨는 변산공동체에서 지내다가 시골집에 온 지는 이제 일 년이 되어간다. 아저씨는 꼭 무릎을 꿇고 식사를 하신다.

"밥을 쉽게 먹는 게 아니니까 나도 그냥 꿇어 앉아 먹는 거요. 혼자 힘으로는 밥을 못 먹고, 가끔은 살아 있는 생명을 죽여 먹기도 하니…, 그리고 이렇게 허리를 펴고 앉아 먹으면 꼬리뼈도 펴지고 좋지요."

그렇게 앉아 식사를 한 지 몇 년 쯤 됐다며 아저씨는 대수롭지 않은 듯 말씀하지만 식당 한쪽 벽에 붙어 있는 시골집 식사기도의 구절구절을 아저씨는 이렇게 몸으로 옮겨 살고 있었다.

공동체란 그런 거여

강원도 화천군 사내면 광덕3리 195번지 '시골집'은 이렇게 시작되었다. 청년 임락경이 초등학교만 졸업하고 맨발의 성자라 불리는 이현필 선생을 찾아 동광원에 들어갔다. 그곳에서 고아와 결핵환자들을 돌보며 살던 그는 1966년 화천으로 군대를 오게 되었다. 마침 광덕리에 광덕교회가 세워졌고 그는 교회에서 초등부 교사를 했다. 그리고 제대 후에도 교회에 목회자가 없어 1969년부터 1971년까지 평신도로서 목회를 했다.

"1980년도에 다시 광덕리로 이사를 왔다. 이사를 오게 된 것은 무슨 뜻이 있어서가 아니다. 외상으로 땅을 살 수 있는 기회가 생겼기 때문이다. 박계문 장로님께서 생전에 아들 하자, 양자하자 하면서 재산 상속을 하신다고 유언을 하셨다. 하지만 나는 거부하였다. 그 재산 받아서 이곳에서 지금처럼 활동을 한다면 마을 분들이 싫어할 것 같았다. 저 자식 남의 재산 가지고 복지사업한다고 했을 것이다. 아무튼 그냥 상속해 주시겠다는 재산은 받지 않고 없는 돈 빌려서 땅을 사게 되었다. … 농사짓고 살다 보니 정신박약인 진경이가 열두 살 때 와서 같이 살게 되었다. 또 아주아주 모자란 바보 태은이도 오게 되었다. 이렇게 식

구가 늘다 보니 10여 명이 넘었고, 넘다 보니 집이 좁아 마을 건너편으로 집 짓고 이사 오게 되었다. 이제는 기관에서도 복지시설로 부른다."

《촌놈 임락경의 그 시절 그 노래 그 사연》 중에서

그래서일까. 임 목사 자신은 한 번도 시골집을 '공동체'라고 말하지 않지만 공동체로 살려는 사람들은 자주 시골집을 찾곤 한다. 오늘도 의정부에서 목회 하는 부부가 공동체를 만들고 싶다며 시골집을 찾아 왔다. 임 목사는 한국에서는 공동체가 안 된다는 말씀으로 이야기를 시작하셨다.

"한국에서는 공동체 안 돼. 선진국에서는 학비, 병원비, 노후 생활비를 국가에서 챙겨주니까 공동체 하면 돼. 한국에서는 그거 챙기느라 못하는 거야. 그래도 희망이 있다고 하는 사람들한텐 뭐라고 하냐면 '살다 보면 전 재산을 들여서 고쳐야 할 병이 올 때가 있다. 그때 돈 다 모아서 그 병 고칠 거냐'고 물으면 대답을 못해. 그런데도 공동체한다는 사람 보면 머리가 숙여져. (잠시 말이 없다가) 일단 공동체는 해야 돼. 누구라도 해야 돼. 근데 해보면 참 어려워."

공동체를 하고 싶다는 사람들에게 대뜸 '공동체는 안 된다'고 했

다가 그래도 '일단 공동체를 해야 한다'고 말한다. 임 목사의 공동체
이야기를 들어 보았다.

여기 사시는 분들은 주로 어떤 사연으로 오시는 건가요?

"서른 명 설명을 서른 번 해야 돼. 다 달라. 그러면서도 다 같아. 한
마디로, 가족이 있는데 집에 있으면 천대받고 정부에서 혜택 못 받는
사람이 와. 아무것도 없으면 정부 혜택을 받는데 아무것도 있어."

어느 정도 규모면 공동체를 할 수 있을까요?

"법인 아니고서는 식구가 얼마 되는지 물어볼 필요가 없어. 이렇게 (공동체로) 사는 사람들은 거의 30명 내외야. 능력이 거기까지야. 많으면 지들끼리 싸우고 적으면 또 보충되고. 다섯 명을 뺐더니 다섯 명이 그날 들어와."

공동체로 살려면 농사를 지어야 하나요?

"그럼. 농자천하지대본(農者天下之大本) 즉, 농사는 천하의 으뜸가는 근본이야. 농사는 기본이고 다른 걸 부업으로 삼아야 하는 거야. 농사는 잃지 말아야 해. 복 복(福)자나 가멸 부(富)자를 봐도 전부 밭 전(田)자가 들어가 있지. 토지를 놓치면 안 돼."

여기저기 초대받으시는 곳이 많은데요. 오가는 길에 주로 뭘 생각하세요?

"집 우(宇), 집 주(宙), 넓을 홍(弘), 거칠 황(荒)이야. 우주(宇宙)가 넓고 거칠거든. 그 우주를 집 삼는 사람은 감각이 예민해져. 그러면 다른 사람보다 먼저 알아. 느낌이 빨리 온다고. 풍수를 알게 된다는 거지. 바람과 물에 대한 감각을 느끼는 거야. 그걸 좀 일찍 터득을 했

어. 땅 속에 물이 어디로 지나가는지 알아. 그런 거 보려면 차에서 책 볼 겨를이 없어. 겨울에 눈 와서 땅이 얼어도 이 코너 돌면 얼음이니까 조심해야겠다 싶어 천천히 운전하는 거지.”

오래 사실 것 같네요(웃음).

“날 일(日), 달 월(月), 찰 영(盈), 기울 측(昃)이거든. 달도 차면 기울게 되어 있듯이 사람은 언제라도 기울게 돼 있어. 세상에서 제일 무서운 죄가 천기누설죄거든. 내가 몇 사람에게 온천 나오는 자리를 알려줬어. 그 천기를 누설해서 나는 오래 못 살아.”

밤이 깊어 이야기를 마칠 즈음, 임 목사는 문득 다시 공동체 얘기를 꺼냈다.

"살다가 생활력이 부족해지잖아. 그럼 공동체에 가면 생활이 해결돼. 왜냐, 전깃불 혼자 있어도 하나 켜야 하고 네 명 있어도 하나 켜야 하잖아. 방 안 온도는 혼자 있으면 18도 올려야 하고 일곱 있으면 17도만 올려도 돼. 농기구, 집집마다 트랙터 한 대씩 사는데 공동체로 살면 한 대만 있어도 되잖아. 공동체란 그런 거여."

시골집의 하루는 아침 6시 30분에 시작된다. 식사 시간을 알리는 종이 울리면 모두 식당으로 모인다. 아침은 늘 죽을 먹는다. 특별한 이유가 있는 건 아니지만 든든하면서도 가볍게 하루를 시작할 수 있어 좋다.

8시 30분에는 함께 다과를 나누며 일과를 계획한다. 오늘은 김매기, 내일은 고추 따기 식이다. 함께 할 일도 있지만 각자 알아서 해야 하는 잔손이 가는 일들도 있다. 저녁 식사를 하고 나면 하루 일과는 끝이다. 그 이후 시간은 자유인데 대부분 9시가 넘으면 잠자리에 든다. 시골집에 오면 몸이 건강해지는 것 같은 느낌이 드는데 일찍 자고 일찍 일어나는 습관도 큰 몫을 하는 듯하다.

힘이 없어 바깥일을 못하시는 할머니들은 몸이 불편한 식구들의 대소변을 가려주거나 소일거리를 맡기도 한다. 장애를 가진 식구들은 아무 일도 할 수 없다고 생각할 수 있다. 그러나 그들을 도움으로 인해 예수님의 마음을 배우는 것만으로 그들은 시골집의 보물들이다. 물론 이들도 불편한 정도에 따라 일을 돕는다.

시골집에는 따로 지켜야 할 규칙이나 공동체 식구가 되기 위한 기준 등이 없다. 그들 스스로 특별한 공동체라고 생각하지도 않을뿐더러 그저 없는 사람은 기대 살고 있는 사람은 나눠 주며 산다. 지향하는 공동체의 모습이 있지만 강요하지 않는 것이다. 기대하는 것들을 알아주길 바라면서도 먼저 나누고 사랑하는 것. 내가 좀 더 손해 보는 것. 그것이 시골집의 오늘을 살아가는 힘인 동시에 시골집을 찾는 이들에게 주는 가르침이 아닐까.

서른 명 넘는 식구들과 같이 지내려면 생활비도 만만치 않을 것 같다.

"한 달에 생활비가 800만 원 정도야. 옷 사거나 먹는 건 거의 없고 대부분 공과금이지 뭐. 한 달 시작할 때 대책 없이 시작해도 그냥 살아지데"라고 태평하게 말하는 이애리 원장.

정말 그가 대책이 없는 건 아니다. 손수 농사지은 콩으로 '시골집' 된장과 간장을 만들어 팔아 그 돈으로 기와집도 지었다. 다만 더 많은 이익을 내려고 하지 않는 이유는 '돈으로 하는 짓은 재미가 없기' 때문이다.

"돈 많이 벌려고 했으면 된장 더 많이 만들면 되는데, 아마도 그러면 지금도 엄청 바쁘겠지. 그런데 일용할 양식만 있으면 살아. 내려놓으면 채워지는 거고."

그래서인지 시골집은 그 흔한 홈페이지 하나 없다. 먼저 맛 본 사람들이 알음알음으로 주위에 소개해 단골이 되는 경우가 대부분이다.

점심을 먹고 집 뒤에 있는 밭으로 김을 매러 갔다. 시골집에서는 고구마, 땅콩, 고추, 녹두 등 32가지나 재배하고 있고 내년부터는 벼 농사도 지을 계획이다. 앞마당에는 닭과 오리, 돼지도 키우고 있다. 고구마와 땅콩 밭의 김을 매고 옥수수를 따고 있으니 '딩딩딩' 종소리가 들린다. 저녁 먹을 시간이다.

시골이라 저녁만 먹으면 주변이 어둑어둑해지고 금세 천지가 잠
자듯 조용해진다. 서울은 지금쯤 시내 중심부로 사람들이 몰려들기
시작하는 시간일 터이다.

주소 : 강원도 화천군 사내면 광덕리 195번지
전화 : 033) 441-4298

찾아가는 길

버스를 이용할 때 : 동서울터미널에서 사창리행 버스를 타고 광덕검문소에서 내린다. 거기서 오른쪽 길로 난 개울다리를 건너 조금 더 가면 왼편에 기와집이 한 채 나오는데, 바로 시골집이다.

4장

오늘 지금 행복합니다
민들레공동체

공동체는 그들만 잘 사는 것이 아니라
더불어 살아감의 소중함을 몸으로 알기에,
사람뿐 아니라 자연을 소중히 여긴다.

우리 마음에 와 있지 않은 아름다움이 기다린다고 오실까.

헛된 기다림 없이 스스로 밝고 고운 생명이시길.

_이철수

정작 와 있지 않은 미래의 아름다움을 말하는 대신 가진 것 없는 지금이 가장 행복하다고 말하는 사람들이 있다. 경남 산청군 신안면 갈전리 42번지 민들레공동체. 겨울답지 않게 따뜻한 햇살에 민망해하는, 코트를 벗고 종종 걸어 도착한 그곳에서 재잘거리는 소리가 쉴 틈 없이 들려온다. 마당에서 놀고 있는 아이들 소리이다. 짧게는 몇 개월, 길게는 10년 이상 같이 살아온 가족 공동체인 그들은 그저 삶의 타래를 한 가닥씩 풀어가며 일상을 살고 있었다. 그리고 '가진 것 없는 오늘이 행복하다'고 말했다.

대안적 구조를 창조하기 위해

민들레공동체는 1991년 시작된 기독교 생활공동체이다. 80년대

후반 김인수 대표는 청년들과 농촌 전도를 하면서 공동체적으로 전
도해야겠다는 생각이 들었다. 공동체의 이름이 '민들레'인 이유는
소박하면서도 뿌리 깊은, 무엇보다 바람(성령)이 불면 어디든 날아가
는 꽃의 특징 때문이다. 공동체에는 현재 여섯 가정과 아직 결혼하
지 않은 미혼을 포함해 서른 명 남짓이 함께 살고 있다. 처음 공동체
를 시작할 때는 한 건물에 20여 명이 살았는데 지금은 새로 집을 짓
고, 축사를 개조하거나 마을 농가를 얻어 여기저기 살고 있다.

"농촌이 원래 텃새가 심해서 뿌리 내리기가 아주 힘든데 지금은 이웃들이랑 잘 지내요. 이제는 마을 주민이 된 거죠. 성탄절에는 마을 주민들 모시고 식사 대접도 하고, 마을에 행사가 있거나 어려운 일이 있으면 서로 돕고 삽니다."

공동체는 그들만 잘 사는 것이 아니라 더불어 살아감의 소중함을 몸으로 알기에, 사람뿐 아니라 자연을 소중히 여긴다. 유기농 농사를 짓는 것도 그런 이유다. 민들레공동체에서도 벼농사, 들깨, 옥수수, 밀 등 농사를 많이 짓는데, 농약을 안치기 때문에 할 일이 많다. 벼농사는 제초제 대신 우렁이를 넣는데 물 위로 난 모 말고 작게 올라오는 잡초를 우렁이가 다니면서 먹는다. 그렇게 농사지은 것으로 공동체 식구들이랑 학생들까지 족히 50명이 먹고 살고 있다.

최근 대안적 집짓기의 모델로 주목을 받고 있는 스트로베일 하우스도 몇 채 된다. 스트로베일 하우스는 콘크리트나 시멘트 대신 볏짚으로 벽체를 쌓아 만들어 냉난방이 잘 된다. 또 환경호르몬 걱정이 없고 집 수명이 길다. 에너지를 아끼는 것도 좋지만 이왕이면 에너지가 적게 드는 구조로 바꾼 것이다. 옥상에 풍력 발전기를 설치하고 자전거로 전기를 만들어 쓰는 것도 같은 맥락에서다.

영국에서 대체 기술을 공부하고 돌아와 민들레 '대안기술센터'를 만들어 이 일을 주도하고 있는 이동근 소장은 말한다.

▲ 평범한 자전거 같지만 페달을 밟으면 전기가 만들어지는 발전기다.

"농촌 선교, 제3세계 선교를 위해 살고 또 공부하다보니 환경을 안 볼 수가 없었어요. 우리는 환경주의자, 생태주의자는 아니지만 그들만큼이나 환경을 생각하며 살아야 합니다. 하나님을 사랑하기 때문이죠. 공동체가 유기농 농사를 짓는 이유는 잘 먹고 잘 살기 위해서가 아니라 하나님과 이웃과 더불어 살면 당연히 친환경적으로 살 수밖에 없기 때문이에요. 또 하나님을 사랑한다고 하면서 과소비적인 삶을 사는 건 이웃의 삶을 위협하는 것과 마찬가지지요. 하나님의 사랑은 현실에서 반드시 우리 삶으로 증거되어야 해요."

공동체는 처음에는 지역 선교를 목적으로 했지만 지금은 해외 농촌 선교, 대안기술센터, 공방, 대안학교 등을 통해 농촌에 기반을 둔 삶의 터전을 만들기 위해 다양한 시도를 하고 있다.

그 시도 중 하나로 공동체는 작년에 대안학교인 민들레학교를 개교했다. 학교는 상근 교사 다섯 명, 강사 여섯 명이 열세 명의 학생들과 함께 일 년을 지냈다. 학생들은 자신이 공부하고 싶은 과목, 범위, 목표를 스스로 정해서 교사들의 도움을 받으며 공부한다. 공동체와 연계해서 의식주, 농업, 공예, 목축 등 다양한 경험을 하기도 한다.

"몸에 딱 맞는 틀은 모범생은 만들 수 있어도 자유인을 만들 수 없다"는 규천 씨의 말처럼 민들레학교는 자유로운 공부 방식으로, 공동체와 한 마을을 이루어 삶으로 가르침을 실현하고 있다.

◀ 스트로베일 공법으로 지은 스트로베일 집

◀ 스트로베일 공법

▼ 옥상에 있는 풍력 발전기

▲김인수 대표

김인수 대표에게 민들레학교의 일 년을 돌아볼 때 어떤 평가를 내리고 계시냐는 질문을 했다.

"백년지대계가 교육인데 백년 중 일 년 보냈으니 아무것도 아니죠. 그렇지만 아이들이 조금씩 변하는 것을 보면서 이렇게 하면 희망을 만들 수 있겠다는 가능성을 봤어요. 그리스도인 자녀들이 대부분인데도 어떤 아이들은 내면적으로 불안하거나 이기적이거나 문제가 있는 경우가 많거든요. 그런데 시간이 지나면서 이 아이들이 변화되면 우리 사회, 한국 교회가 변화될 수 있겠다는 확신이 들었죠.

민들레학교는 학교를 위해 세운 학교가 아니라 공동체를 하다가 삶의 고백과 결실로 만들어진 학교예요. 학교 역사는 일 년밖에 안 되지만 공동체의 역사가 있다 보니 이미 가진 게 많지요. 공동체 정신, 유기농, 대안 기술, 해외에 개척한 학교와 사역지도 있고 국제적인 리더십을 세우고 가난한 사람들을 돕는 노하우도 갖고 있어요."

학교는 올해 스물네 명의 신입생 모집과 더불어 교사도 충원하기

▲ 민들레학교 전경

로 했다. 일 년 동안 학교 운영을 맡아 온 김인수 대표는 교사들의 헌
신에 많이 고마워하면서도 삶으로서의 교육을 강조했다.

  "저녁에도 늦게까지 회의하고 수업 준비하고 교사들이 일 년 동
안 많이 애썼죠. 하지만 삶이 교육이고 교육이 삶이고 그런 거예요.
별도로 하면 일이 되죠. 보통 초보자들은 이런 걸 일로 생각하는데
그렇지 않아요. 모든 걸 하나로 받아들이게 되면 쉽죠."

스스로 밝고 고운 생명들

생활공동체이다 보니 모두에게 같은 시간표가 주어지지는 않는다. 저녁 전체 모임 전까지는 각자의 하루를 산다. 선생님들은 학교에서 하루를 보내고, 엄마들은 아이들을 돌보고 식사를 준비하며 다니엘 삼촌은 대학원으로 공부하러 가고, 주원이와 진하는 학교를 안 가는 대신 알아서 공부하는 식이다. 다만 저녁을 먹은 후에는 식구들이 거실에 모여 한 시간 남짓 전체 모임을 한다. 이 시간에는 찬양을 하고 서로의 삶을 나누며 해외에 나가 있는 선교사들을 위해, 학교를 위해, 사회를 위해 공동체가 함께 기도한다.

공동체 식구들은 각자 어떤 생각을 하며 어떻게 하루 일과를 열고 닫을까.

칠 년째 민들레에 살고 있는 은실 이모가 아침을 여는 곳은 민들레아트센터. 서양화를 전공한 그는 삼 년 전에 퀼트 작업도 시작해서 요즘은 주로 가방, 장식품 등을 만들고 있다. 올해는 활동 영역을 더욱 넓힐 계획이다. 민들레학교에서 미술 교사로, 또 근처에 있는 사천이주민근로자센터에서 '다문화 가정 자녀를 위한 문화교육' 프로그램의 책임강사로도 일하게 되었기 때문이다.

어제 만들다 남겨 둔 휴대전화 고리를 만들면서 두런두런 이야기를 하던 은실 이모는 요즘 어떻게 하면 이 센터가 자립하고 경제에 보탬이 될까 고민하고 있다고 했다. 혼자 작업을 해서 속도가 더디긴 하지만 이미 만들어 놓은 물건들도 꽤 많다. 인터넷을 통해서나 손님이 많이 오는 이곳에서 직접 물건을 살 수 있도록 꾸며볼까도 생각 중이다.

규천 씨는 순박하지만 꿈 많은 청년이다. 민들레학교에 꼭 어울린다고나 할까. 고등학교 때 북한에 가서 학교를 세우겠다고 말하는 친구를 따라 자신도 같이 가겠다고 결심했다.

"그때 친구들 대부분이 지금 공교육 현장에서 교사로 일하고 있어요. 이 학교에 교사로 올 때 그 꿈에서 멀어지는 게 아닌가 했는데 지금 생각해보면 제가 그 꿈에 가장 가까이 있는 것 같아요. 북한에 갈 수 있는 상황이 오면 돈 많이 버는 그 친구들보다 저는 내려놓을 게 적거든요."

초등학교만 정규 교육을 받고 지금까지 홈스쿨링을 하고 있는 진하는 김인수 대표의 막내아들이다. 김 대표나 진하 모두 홈스쿨링이라는 표현에 멋쩍어 한다. 프로그램이나 계획표에 맞춰 공부하는 게 아니기 때문이다. 작년 한 해 공동체에서 지은 논농사의 절반은 그

가 했다고 하니 농부와 정원사가 되고 싶어 하는 진하에게 따로 프로그램은 필요 없어 보인다.

　진하는 작년에 추수를 끝내놓고 혼자 스페인으로 여행을 다녀왔다. 한 달 반 동안 스페인에서 도보 여행을 하고 그림을 좋아해서 파리에 가서는 일주일 내내 미술관만 찾아다녔다. 주어진 자유를 누리고 또 공동체의 일들을 함께 해 나가는 그에게 공동체에서의 삶 자체가 큰 공부인 듯하다.

공동체를 방문하는 많은 사람을 맞이하고 보내는 것이 익숙해져서일까. 또래 보다 성숙해 보인다는 얘기를 많이 듣는 진하는 "어른스럽다고 하는 말도 좋지만 요즘은 내 나이에 누릴 것들도 잘 누려야겠다는 생각을 한다"고 말했다.

말로만 예수 믿으라 하면 누가 믿나요

민들레공동체는 일 년에 천 명 이상 방문객이 찾아온다. 전화로 미리 연락하고 조율하면 머물 수 있는 기간이나 인원에 제한을 받지 않고 누구든 방문할 수 있다. 주로 대안 기술, 교육, 선교, 농사 등 다양한 이유로 공동체를 찾는데 요즘은 신앙이 없지만 의식 있는, 대안적인 사람들이 주로 공동체를 찾는다고 한다. 민들레학교에서 열린 '대안교육연대 교사 연수 프로그램'에 참여한 한 교사는 "부모님모두 목사인데도 예수를 안 믿었는데 여기 오니까 이게 진짜 기독교구나 싶었다"고 말했다.

김인수 대표는 이렇게 삶으로 보여주는 것이 지금 시대의 선교 방법이라고 말했다.

"우리도 처음엔 전도하러 많이 다녔는데, 요즘 말로만 예수 믿으라 하면 누가 믿나요. 이렇게 삶으로 보여주는 게 전도 같아요. 우리는 공동체 삶을 살고 있고 유기농으로 농사짓고 대안 기술도 가지고 있고 제3세계 선교를 위해 지역사회개발도 하고 있으니까요. 하나님이 기독교 공동체가 세상을 향해 할 수 있는 걸 너희들이 보여주고 은혜를 나누라고 이런 여건을 주신 것 같아서 감사해요."

그러다가도, 사소한 일로 갈등이 생기기도 하는 게 공동체다. 민들레공동체에는 주로 어떤 문제가 생기고, 또 어떻게 해결해 나갈까.

"제일 큰 문제는 아무래도 인간관계죠. 그래서 우리는 인간관계의 근본적인 부분을 오해하지 않게 하기 위해 기본적인 원칙을 세웠어요. '우리는 돈 벌기 위한 공동체가 아니다. 주님을 위해 우리 자신을 버리고 산다'는 것인데요. 이런 기본적인 철학을 이해하면 사람들이 그런 것에 불만을 가지지 않아요.

하지만 또 살다 보면 게으르고 자기 마음대로 하는 사람들이 있어요. 그럴 때는 어떤 규칙에 의해서 다스리려고 하는 대신 사람들의 수준이 다르기 때문에 거기에 맞춰서 연세가 많으면 이해를 해주면서 기다리기도 하고 청년들에게는 혼을 내기도 하고 그래요. 삶의 의미를 못 찾아서 그럴 때는 때때로 도전하기도 하고요. 자기 상처가 있는 사람은 회복하는 게 쉽진 않은 것 같아요. 시간이 좀 걸리죠."

봉선 이모도 자신을 내세우는 삶이 아니라, 자신의 역할에 최선을 다하는 삶이 결국 공동체를 세우는 힘이라고 말했다.

"10년 전 결혼하고 이 공동체에 처음 들어왔을 때만 해도 이런 공동체에 들어온 것에 대한 자부심이 있었어요. 지금은요? 지금은 그냥 내 집이고 내 삶이에요. 하지만 작고 사소하지만 내가 보기에 귀찮아 보이는 일들을 너나없이 벌떡 일어나 하는 식구들 모습이 우리 공동체를 든든하게 세워주는 힘인 것 같아요. 무엇보다 공동체 식구들이 각자의 자리에서 자신의 역할에 최선을 다할 때 가장 아름다운 것 같아요."

사람을 세우고 섬기는 공동체로

재력도 인력도 결코 풍족한 것은 아니지만, 민들레공동체는 그 이름답게 소박하면서도 뿌리 깊은 계획들을 세우고 있다. 올 하반기에는 풍력 발전뿐 아니라 수력 발전도 할 계획이다. 또 캄보디아에 '꿈과 미래학교'를 세워서 직업훈련 지도자 교육을 시키고 있는데 장기적으로는 농업 대학을 세울 계획이다. 지금은 현지 학생 45명에 한국 스태프와 현지 스태프까지 모두 60여 명이 농업을 중심으로 어떻게 빈곤을 해결할지 고민하고 있다. 또 그곳 스태프였던 두 명이 한국에 와서 농업을 배우고 있다. 그렇게 계속 사람을 기르는 것이다.

다른 이들의 도움을 받아야만 살 수 있는 이들도 미래의 공동체 가족들이다.

"원래 저희 공동체가 어려운 사람들과 계속 같이 살았었거든요. 호스피스, 알코올 중독자, 정신이 황폐한 사람들까지……. 그런 사람들을 위한 공간을 공동체 가까이에 마련하고 싶어요. 시설을 만드는 게 아니라 그런 사람들과 같이 살 수 있도록 말이에요. 그런 분들을 모시고 살아야 온전한 공동체가 되지 않을까요. 우리는 능력 있는 공동체가 아니라 그런 사람들을 섬기는 공동체거든요."

비가 한차례 내렸다. 서울로 돌아오는 길은 제법 쌀쌀했다. 문득 차 안에서 봉선 이모가 했던 말이 뱅뱅 맴돌았다. "작고 사소하지만 내가 보기에 귀찮아 보이는 일들을 너나없이 벌떡 일어나 하는 식구들 모습이 우리 공동체를 든든하게 세워주는 힘인 것 같다"던 그 말. 특별한 사건으로 살지 않고 그래서 내로라 할 간증이 있지 않은, 일상의 특별한 순간이 은혜임을 민들레는 알고 있었다. 나도 그렇게 살아야 한다는 것을 민들레는 삶으로 보여주었다. 어느 때보다 따뜻한 겨울을 지내고 돌아오는 기분이었다.

주소 : 경남 산청군 신안면 갈전리 42번지

전화 : 055) 973-6813

찾아가는 길

버스를 이용할 때 : 서울남부터미널에서 원지행 버스(3시간 15분 소요)를 탄다. 원지에서 갈전마을로 들어오는 버스는 아침 7시, 오전 11시 10분, 그리고 오후 6시에 있다. 시간이 맞지 않으면 택시를 타고 갈전마을까지 오면 된다.

자가용을 이용할 때 : 경부고속도로 − 대전-통영간 고속도로 − 단성IC − 갈전마을

5장

지상에서 천국처럼
산위의마을

예수의 가르침을 통해 삶을 재정립하고
새로운 생활방식을 찾아 가는 예수살이 공동체.
공동체는 '지상에서 천국처럼'이라는 모토와
'소유로부터의 자유 · 가난한 이와 함께하는 기쁨·
세상의 변혁을 위한 투신'이라는 정신을 가지고
소비주의를 극복하기 위한 노력을 삶에서 일궈왔다.

산위의 마을은 드러나게 마련이다.
너희의 빛을 세상에 비추어 세상 사람들이 너희를 보고
하느님을 찬양케 하여라

_마태복음 5:14

충북 단양군 가곡면 보발1리 소백산 자락, 50년이 지나도 땅 값 오를 일 없다고 할 만큼 척박한 곳에 자리한 '산위의마을'로 가고 있다. 단양터미널에 내려서 하루에 몇 대 없는 보발리행 버스를 탔다. 남한강 줄기를 따라 30분쯤 가다가 보발분교에서 내렸다. 이제 느린 걸음으로 30분쯤 더 비탈길을 올라가면 산위의마을이다. 물러가지 않은 겨울의 흔적을 곳곳에서 만난다. 눈과 비가 섞여 내리고 질퍽한 흙길 옆으로는 아직 눈이 쌓여 있다.

마을길을 지나 한적한 곳으로 접어드니 공동체에서 걸어 둔 현수막이 보인다. '얼마나 좋은가 한 데 모여 사는 것'이라고 적혀 있다. 앞서 걸어가던 아이들도 만났다. 지연이와 채은이다. 올해부터 산위

의마을에서 생활 유학을 하는 아이들이다. 개학식을 해 학교에 다녀오는 길이라고 했다.

가톨릭 생활공동체 '산위의마을'

산위의마을은 2004년에 시작한 가톨릭 생활공동체이다. 공동체의 모태가 된 것이 '예수살이공동체'이다. 박기호 신부를 비롯한 몇몇 수도자와 청년들이 소비사회에서 그리스도를 따르고자 대안운동을 모색하면서 1998년 '예수살이공동체'를 만들었다. 예수의 가르침을 통해 삶을 재정립하고 새로운 생활방식을 찾고자 한 결과다. 공동체는 '지상에서 천국처럼'이라는 모토와 '소유로부터의 자유·가난한 이와 함께하는 기쁨·세상의 변혁을 위한 투신'이라는 정신을 가지고 소비주의를 극복하기 위한 노력을 삶에서 일궈왔다.

공동체는 지난 10년 동안 서른두 번의 '배동교육 프로그램'을 통해 천 명 이상의 청년들을 교육시켰다. '배'는 식물의 씨 속에서 자라 싹눈이 되는 부분이고 '배동'은 이삭이 피려고 대가 불룩해지는 현상을 말한다. 즉, 하느님이 식물에 배를 숨겨 놓듯 인간이 본래 지음 받은 창조성, 야성을 드러내 소비문화를 극복해 나가도록 돕는 운동이 배동교육인 것이다. 교육을 받은 이들을 '배동이'라고 부른다.

배동이들이 모이는 두레모임에서는 새 옷 사지 않기, 자전거로 출퇴근하기, TV 보지 않기 등의 운동을 함께하고 있다. 최근 언론 보도 등으로 유명해진 'OFF 운동'을 시작한 곳도 예수살이공동체이다. OFF 운동은 TV, 자동차, 액세서리, 화장품, 쇼핑, 신용카드를 끊는 운동이다. 배동교육 마지막에 각자가 할 수 있는 운동을 정해 끊거나 줄여보도록 다짐하고 실천한다. 출애굽할 때 이스라엘 백성이 이집트의 고기 국물과 야채의 추억을 단호히 물리쳤고, 예수께서 광야에서 사탄의 유혹을 물리쳤던 것처럼 소비사회가 주는 편리와 안락의 유혹을 물리침으로써 하느님께서 원시에 부여하신 야성과 주체성을 회복하려는 뜻을 품고 있다.

　하지만 이들은 처음부터 도시에서의 대안운동은 도전과 한계를 반복할 수밖에 없다고 생각했다. 그래서 공동체의 영성대로 사는 삶을 위해 생활공동체를 만들기로 했다. 공동체는 이를 위해 천 일을 기도했고 그 열매가 2004년 단양의 산골 마을에서 맺어졌다. 박기호 신부와 스물여덟 명의 식구들이 새벽을 깨우고 밤을 재우며 살고 있는 산위의마을이 바로 그곳이다.

어그러진 생활과 마음을
꾸짖고 반성하고 왜 그랬는가 자문한 첫 날이었다.

정확하게 '이것이 문제요, 원인이다'는 아니지만

내가 잘 못 살았다는 것은 확실하고

내가 나 중심적이었음도,

때론, 아니 자주 내 생각, 몸을 귀중해왔음도 확실히 알았다.

모두 각자의 방으로 돌아간 시간

괴로운 마음으로 기도하러 경당에 올라갔는데

캄캄한 경당에서 기도하는 분이 있었다.

여기 기도하는 한 사람이 있어서

아직 '하늘이 하늘이구나' 하는 감동을 받았다.

눈처럼 희고 맑게, 그렇게...

아침 6시 30분, 경당에 모여 아침 미사를 드린다. 미사 집전을 돕는 것도, 식사 기도와 저녁 기도를 진행하는 것도 아이들이다. 박기호 신부는 "아이들을 인격적으로 존중해주지 않으면 아무것도 못한다. 할 수 있는 일을 지지해주고, 맡겨주는 게 필요하다"고 말했다. 공동체의 삶을 통해 아이들을 교육시키기 위한 시도인 것이다. 평소에는 장난도 잘 치고 활발한 아이들이지만 이 시간만큼은 누구보다 진지하고 품위가 있다.

2층 경당에서 미사를 끝내고 1층으로 내려오니 거실 밖으로 보이는 소백산 봉우리들에 눈덩이가 한가득 쌓인 채 계속 눈이 내리고 있다. 이날은 하루 꼬박 눈이 왔다.

미카엘라 할머니는 "오늘 장 담그려고 했는데 눈이 이렇게나 많이 오네. 사람의 계획이 있더라도 하느님이 모든 것을 주관하신다"고 말했다. 아이들 생활지도와 홈스쿨링을 맡아주려고 서울에서 석사 과정을 휴학하고 내려와 지내는 재란 이모는 "3월인데 한겨울보다 눈이 더 많이 오네요. 예쁜 사진 찍으라고 눈이 많이 오나 봐요"라고 인사한다.

공동체의 하루는 미사로 시작해서 저녁기도로 끝난다. 낮 시간 동안에는 주업인 농사를 짓는다. 원래 농사를 짓던 사람들이 아니라 하나씩 공부하고 찾아다니며 기술보다 정성으로 짓고 있다. 일하기 힘든 비탈지고 자갈 많은 밭에 멧돼지와 고라니까지 골치를 썩인다. 그래도 모두 유기농으로 재배하다 보니 지난번에 만들어 판 청국장을 맛본 사람들이 다시 주문을 하는 일도 잦아졌다.

일주일에 한 번씩 성서 연구와 책 나눔도 한다. 이번 주에는 라르쉬(L'Arche) 공동체를 창립한 장 바니에의 《공동체와 성장》으로 책 나눔을 했다. 또 필요한 사항이 있을 때마다 가족회의를 통해 의견을 공유하고 중요한 결정도 내린다. 오늘 가족회의에서는 이번 주에 식구들이 해야 할 일을 공유하고 '꼬문 스쿨'의 방향성에 대해서도

▲ 가족회의 시간

함께 논의했다.

눈이 많이 왔다.

천지사방 하얀색 일색

내 마음도 그렇게 하얀 빛이어야 할 것을

눈과 어울리고 싶었다.

저녁 기도 시간에 생활 나눔을 했다.

"세 끼 식사를 이렇게 건강한, 좋은 음식으로 하는 것이

참 감사한 하루였다"고 나누었다.

눈길을 30분 걸어 학교를 다녀 온 아이들이 예뻤고
그 아이들을 위해 2시간 넘게 눈을 치우고, 모여 회의를 하는 어른들이 든든했다.
이렇게 또 산위의마을의 하루가 저물었다.

보물을 위해 전 재산을 팔듯…

산위의마을에서는 열두 명의 아이들이 생활 유학을 하고 있다.
도시 각처에 살던 아이들이 일 년 동안 보발분교에 전학을 와서 공
부를 하고 산위의마을에서 기숙 생활을 하는 것이다. 또 중·고등학
생들은 홈스쿨링을 하고 있다. 공동체는 장기적으로 공동체 대안학

교를 세울 계획이다. 꼬뮨 스쿨이라는 이름도 지어 놓았다.

아이들 중 가장 맏형인 길산이가 학교에 자퇴서를 제출하고 돌아왔다. 작년 한 해 일반 고등학교를 다녔지만 아침부터 밤늦게까지 공부하는 생활과 공동체 생활을 함께할 수가 없었고 입시 위주의 공교육이 옳지 않다고 생각했기 때문이다. 어른들은 "이제 학교 안 가니 좋겠네"라고 얘기하고 길산이도 후련해 보이는 눈치다. 여자아이들은 며칠 동안 자퇴 준비로 학교와 집을 분주히 오가던 오빠가 돌아오니 마냥 좋아서 졸졸 따라다닌다. 동생 덕균이는 중학교를 자퇴하고 형보다 먼저 홈스쿨링을 하고 있다. 이곳에서 지낸지 4년째, 덕균이는 "처음에는 TV 없이 어떻게 사나 했는데 요즘은 또래들보다 깊은 고민도 하게 되고 성격도 좋아졌고, 무엇보다 인내하는 게 뭔지 배운 것 같다"고 얘기한다.

공동체에는 박기호 신부를 비롯해 세 가족과 독신자 다섯 명을 포함해 열여섯 명이 살고 있다. 올해는 생활 유학을 하는 아이들 열두 명과 홈스쿨링을 하는 유민이까지 포함해 가족이 스물아홉 명으로 늘었다.

각 가정에는 가전제품이 없다. TV는 아예 없고 냉장고, 세탁기, 컴퓨터 등은 공동으로 사용한다. 전력은 공급받지만 전화는 아랫마을에다 놓고 사설로 끌어 왔다. 신문은 2~3일치가 한꺼번에 배달된다. 개인 재산을 소유하지 않고 노동하고 기도하며 나누는 기쁨

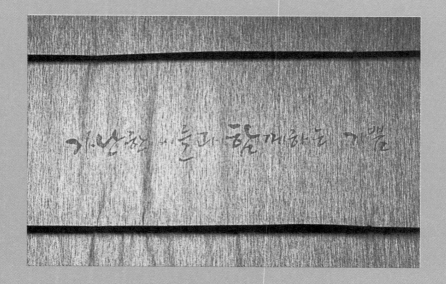

의 삶을 가슴으로 받아 안고 사는 사람들. 그만큼 이들은 도시적이고 개인적인 삶에서 멀리 떨어져 있다. 5년 동안 다섯 가정이 공동체 생활을 접고 떠났을 만큼 이 생활은 쉽지 않다. 하지만 김경희 씨는 이렇게 말한다.

"성경에서 보물을 발견한 사람이 전 재산을 팔아서 보물을 산 것처럼 우리는 눈에 보이지 않는 보물을 발견하고 그걸 위해 다른 것을 포기했어요."

공동체는 '산위의마을' 건립을 앞두고 하느님께서 우리를 위해 준비해두신, 젖과 꿀이 흐르는 약속의 땅으로 인도해달라고 천 일 기도를 바치며 준비했다. 그런데 결국 식수조차 귀한 땅을 얻었다. 뒷산 골짜기 옹달샘에 약 1킬로미터의 파이프를 연결해서 물을 받는데 그나마 연중 4개월 정도 밖에 나오지 않는다. 그러나 그것은 결코 우리가 헛짚었거나 기도가 부족해서가 아니라 부르심이었다.

현대인들이 움직이길 싫어하고 스위치 버튼 하나로 해결해버리기 때문에 하느님께서는 우리로 하여금 그들을 속죄하여 척박한 땅에서 힘쓰며 살아가게 하셨다. 먹기 위해 살듯하면서도 생명의 농업을 우습게 알기 때문에 우리 더러 농사를 짓게 하셨다. 안락을 좇아 무한정한 소비 중독으로 사는 까닭에 하느님께서는 우리를 식수마저 귀한 땅으로 보내시어 세상을 용서하는 속죄 제물의 희생양으로 삼으셨음을 우리는 눈물로 고백한다.

박기호, 월간 〈해인〉 302호, '사막에 샘이 넘쳐흐르리라' 중 부분 편집

복수 공간 공동체를 꿈꾼다

공동체 식구들이 모인 데서 박기호 신부와 이야기를 나누었다. 우문에도 현답으로 답하시려는 배려가 보여 감사했다. 외부인의 질문으로 서로의 삶을 점검한다고나 할까. 귀한 두 시간을 통해 한층 산위의마을 식구들을 깊이 존경하게 되었다.

'예수살이공동체', '산위의마을', '지상에서 천국처럼' 등의 타이틀이 듣는 이들에게 부담스럽게 다가온다. 멋있어 보이고 존경스럽지만 실제의 삶에서 그런 삶을 산다는 것이 너무 어렵고 부담스럽지 않은가.

박기호 : 호랑이를 그리려고 해야 고양이라도 그리지 않겠나(웃음). 우리도 그렇게 사는 건 아니고, 그렇게 살아야 되지 않겠나 하는 희망이 있다. 그리스도인이 예수님의 부활에 대해 고백하는 것도 우

리가 표현하는 것보다는 사실은 더 강렬한 언어 아닌가.

김영기 : 주의 기도에 나오는 것처럼 아버지의 뜻이 하늘에서와 같이 땅에서도 이루어지길 바라는 마음으로 살고 있다. 다른 거 뭐 있나… 열심히, 가족들과 하루하루를 성내거나 화내지 않고 열심히 사는 게 전부이다.

중·고등학생을 대상으로 꼬뮨 스쿨을 시작했다. 어떤 목적을 갖고 시작했는지 또 학생들의 어떤 모습을 기대하는가.

박기호 : 교육 철학을 공동체와 학부모 입장에서 논의하고 있다. '공동체 세계관을 가진 인간상'이 교육의 목표이다. 현실적이면서도 이상을 놓치지 않고, 이상적이면서도 현실을 간과하지 않는 지침·목표를 구체적으로 그리는 작업이 아직 남아 있다. 공동체를 통해서 인성만 기르는 것이 아니라 사회에 나가서도 역할을 충분히 할 수 있는 자질을 키우려고 한다. 지금은 홈스쿨링 형태이지만 공동체 학교를 세우는 것이 장기적인 계획이다. 두 가정에만 중·고등학생이 있기 때문에 식구들이 좀 더 있으면 폭넓게 의논할 수 있을 텐데 하는 아쉬움이 있다.

공동체 규모가 지금보다 더 커졌으면 하는 바람이 있는 건가.

박기호 : 아이들 포함해서 60명 정도면 좋을 것 같다. 논농사 짓는 공동체, 도시 공동체, 선교 공동체 등 복수 공간 공동체를 생각하고 있다. 2012년까지는 도시 공동체를 만들 생각이다. 이곳을 본원이라고 보면 20세대 정도가 규모를 이루고 살아야 구성원들의 교육, 수련 등을 담당할 수 있지 않을까. 적정 규모가 어느 정도인지 확실히는 모르지만 여기 와서 살다 보니까 그 정도면 어떨까 싶다.

교회가 산위의마을에 지원해주는 부분이 있는가.

박기호 : 공동체가 교권의 지시에 의해, 교권이 지향하는 사목 지침의 일환으로 시작한 게 아니다. 교회가 하지 않는 부분을 자발적으로 공식적인 지원 없이 시작했다. 여전히 교회 어른들은 실험적으로만 보고 있다. 그럼에도 이 공동체 운동이 교회에 새로운 각성을 주는 것은 사실이기 때문에 언론의 주목을 받고 있다.

인근 마을에서는 어떤 평가를 받고 있는가.

박기호 : 보발1리에 50세대 정도가 산다. 그중 6세대가 귀농을 했

다. 하지만 마을에서 '정말 농사를 지으려고 하는 사람들'로는 우리 공동체만 인정해주고 있다. 유기농한다고 하면서 잡초는 우거지고 차 타고 돌아다니는 게 귀농한 사람들의 단면이다. 그래서 처음부터 마을 사람들과 잘 지내려고 했다.

OFF 운동이 최근 언론을 통해 많이 알려졌다. 하지만 도시생활에서 휴대전화, 신용카드, 가공식품 등은 생활필수품처럼 통용되고 있는데…

김영기 : OFF운동을 2000년부터 시작했다. 공동체에서 이 운동을 하면서도 '신용카드는 한 장만 쓰자든가, 휴대전화 없이는 못산다, 대형마트만 이용하지 말자' 등 조금씩 단서조항을 만들어서 일종의 타협을 하기도 했다. 하지만 실제로 그런 것들과 일정기간 단절된 생활을 해보는 경험이 중요하다. 언론에서는 일종의 타협안을 먼저 제시하지만 끊어본 경험이 있는 사람들은 그 전과 생활방식이나 생각 자체가 달라지는 경우가 많다.

공동체 생활 때문에 독신으로 지내는 분들이 결혼을 원하는데 하지 못하는 경우가 생기지 않을까.

조상희 : 공동체에 있기 때문에 결혼을 하고 못하고를 생각하고

있지는 않는다. 또 독신으로 들어왔기 때문에 계속 독신이어야 한다고 생각하지도 않는다. 공동체가 독신을 강요하지도 않는다. 현재까지는 혼자 있는 게 부담이 없고 편하게 느껴지기도 한다. 생각이나 활동에 자유가 더 주어지기도 한다.

스캇 펙은 "세계의 구원은 공동체 내에서 공동체를 통하여 존재한다"고 말했다. 기쁨을 추구하지 않고 공동체를 추구할 때 기쁨이 오고, 전체주의가 아닌 부드러운 개인주의를 존중할 때 겸손한 공동체가 된다는 그의 말처럼 좀 더 크고 넓은 생각으로 공동체의 미래를 열어 나가고 있는 산위의마을. 어색하다가 편해졌다가, 익숙해지면서 가기 싫어지는 3박 4일의 여정을 마치고 내려가는데 다시 눈이 흩날렸다. 순백의 눈처럼, 산위의마을 사람들처럼 사람들에게 희고 순결한 사람이 되라고 하느님이 보내시는 메시지 같았다.

충북 단양 산위의마을

홈페이지 : www.jsari.com 상단 산위의마을 클릭
주소 : 충북 단양군 가곡면 보발리 556 산위의 마을
전화 : 043) 321-2144

찾아가는 길

버스를 이용할 때 : 동서울터미널에서 단양행(구인사) 시외버스(1시간 간격 출발, 2시간 10분 소요)를 타고 단양터미널에서 내리면 시내 도로 정류장으로 가서 보발리행 버스를 탄다(하루 4회, 20분 소요). 보발리 학교 앞에 내려 마을 안내 팻말을 따라 30분 정도 걸어가면 된다(단양터미널에서 산위의마을까지 택시 요금은 16,000원 정도이다).

자가용을 이용할 때 : 중앙고속도로 ─ 북단양IC ─ 도담삼봉 ─ 단양읍내(고수대교) ─ 남한강변 영월 방면 59번 국도(향산 삼거리에서 보발리 방향 우회전) ─ 보발리 학교 앞 동네길 ─ 산위의 마을 주차장

기차를 이용할 때 : 청량리역 ─ 단양역(3시간) 하차 ─ 단양 시내 버스 ─ 보발리

102 얼마나 좋은가 한 데 모여 사는 것

6장

상처 위에 화알짝 핀 웃음꽃
그나라공동체

꽃이 무엇이냐. 그런 질문이 들었어요.
오늘 자연으로 소풍을 나서서 그 결론을 얻었어요.
그건 하나님 마음이에요. 꽃을 보면서 하나님 마음을 품어야 해요.
솔로몬의 영화를 누리려고 하면 하나님과 멀어져요.
거기에는 욕심만 있고 행복이 없지요.
그렇게 하나님 마음, 솔로몬의 영광이 이 꽃 하나 보다 못하다는
마음으로 사는 사람들이 곧 공동체지요.

너희는 먼저 그의 나라와 그의 의를 구하라

그리하면 이 모든 것을 너희에게 더하시리라

_마태복음 6:33

알면서도 실천은 어려운 이 말씀에 근거해 만든 그나라공동체가 16주년을 맞이 했다. 부목사 시절부터 청소년 사역에 관심이 많았던 윤공부 목사는 1992년에 가족들에게 하나의 제안을 했다. 소년원에서 나온 두 명의 청소년을 서울 대치동 자신의 집에서 데리고 살면 어떻겠냐고. 그렇게 고등학생이던 두 아들과 부인의 동의와 헌신으로 공동체는 시작되었다.

하나님의 사랑이 시작된 곳

그러나 도심에서의 공동체 생활은 곧 한계를 드러냈다. 검정고시 준비를 위해 학원에 다니던 아이들에게 집은 잠자는 곳 이상이 되

지 못했기 때문이다. 유혹거리가 넘쳐나는 도시에서 아이들은 들고
나기를 반복했다. 집안에 둔 돈이 없어질 때가 많았고 화가 난다고
유리창을 부수어버리는 아이도 있었다.

공동체를 시작할 때부터 하나님 사랑을 전하는 것을 중심에 두었
던 윤 목사는 5년간의 도시 생활을 접고 시골로 가야겠다고 결심했
다. 그리고 1997년 4월 7일 포천 일동으로 이사하기에 이른다.

김은숙 사모는 "처음에는 농촌 생활에 대한 막연한 부담이 있었
다. 하지만 이사하고 3일이 지나자 이곳이 정말 좋아졌다. 이제 나에
게는 풀 한 포기까지 소중한 존재다"라고 말했다.

포천으로 이사하면서는 가족 단위의 사람들도 함께 살기 시작했다. 주로 윤 목사와 오랫동안 관계를 맺은 사람들이었고 청소년 사역뿐 아니라 공동체로 사는 것에 관심이 있던 사람들이다. 그럼에도 관계의 갈등을 뛰어넘지 못하고 나간 사람도 있다. 누구에게 책임이 있는 것도, 모두에게 잘된 일도 아니다. 그런 일들을 통해 나 자신을 보고 하나님의 뜻을 발견하는 사람에게는 은혜고 잘된 일이지만, 그렇지 않으면 나가든 안에 있든 불평을 하기 마련이다.

"공동체에 관심이 있는 것과 들어오는 건 별개의 문제입니다. 나랑 관계 맺고 지낸 지 40년 된 신희정 권사도 들어와서 일 년은 굉장히 갈등이 심했어요. 보따리를 싸기도 하고, 학교 때 존경하는 스승이었으니까 내가 잘해줄 줄 알았지. 잘해주기는커녕 거들떠보지도 않았으니……."

윤 목사는 공동체에 들어오는 사람들은 꼭 세 단계를 거친다고 말했다. 환상기·갈등기·성장기가 그것이다.

"처음에는 꿈을 가지고 와요. 다음엔 반드시 갈등이 옵니다. 그동안 16년 살면서 학생도 학생이지만 회원들 간의 갈등도 굉장히 심했어요. 많이 나갔죠. 어른도 보통 문제가 아니에요. 여기 있는 어른들

은 나랑 살면서 갈등을 넘은 사람들, 정말 좋은 사람들이에요. 갈등기를 넘어서야 뿌리를 내립니다. 나무를 옮겨 심으면 그 해에는 열매를 못 맺고 몸살을 하잖아요. 일 년은 지나야 뿌리를 제대로 내려요. 공동체도 똑같습니다. 갈등은 으레 온다고 생각을 해야 해요. 그런 과정에서 하나님을 바라봐야지요. 그건 필수예요. 갈등과 고민과 아픔 속에서 하나님을 부르고 관계를 새롭게 해야 성장합니다. 그런 것이 없이 성장한다? 그건 사기꾼이 하는 소리예요."

1997년부터 함께 살다가 갈등이 생겨 공동체를 나갔던 차윤철 집사 가족은 이렇게 고백한다.

"안에 있을 때에는 다른 사람과의 갈등이었지만 나가보니 내 마음의 갈등이 더 크더라고요. 기도하면서 하나님이 공동체에 대한 마음의 확신을 주셔서 3년 전에 다시 들어왔어요."

'공동체로 살아보니 하나님이 왜 공동체로 살라고 하시는지 알겠다'는 말은 이렇게 깨달은 자만이 할 수 있는 고백인 것 같다.

아이들은 잘못이 없다

목장이었던 이곳에 처음 이사를 왔을 때는 단층 건물과 우사가 전부였다. 비닐하우스에 세 개의 컨테이너를 두고 학교와 숙소로 사용하고, 우사를 수리해서 식당으로 쓰면서 윤공부 목사는 건물 이름을 '베들레헴'이라고 지었다. 베들레헴이 '떡집'이라는 뜻이고 또 예수님이 베들레헴 마구간에서 태어난 것을 기념하는 의미에서였다. 지금은 10개 건물을 식당·학교·숙소·교회·기도실 등으로 사용하고 있다.

새벽 기도로 하루를 시작한다. 정무와 다슬이는 초등학교에 가고 다른 아이들은 참나무청소년배움터에서 공부를 한다. 어른들은 각자 맡은 일들로 분주하다. 봄철이라 농사도 한창이다. 일주일에 한 번씩은 공동체 어른들끼리 공부도 하고 떼제 공동체 형식으로 묵상기도를 한다.

공동체에는 현재 스물다섯 명 남짓 살고 있다. 네 가정과 독신 남녀, 아이들까지 포함한 숫자인데 가족 수가 언제나 유동적이다. 올 초에 4개월간 윤공부 목사 내외가 안식년 삼아 미국에 다녀왔을 때는 원래 있던 아이들이 대부분 집을 나간 상태였다. 검정고시 보러 나갔던 아이들이 돌아오지 않은 것이다. 아이들이 새로 들어올 때마다 사랑을 주고 부모가 되어 그들을 돌보지만 모든 아이들이 이

곳에 적응하길 바라는 것은 무리다. 다만 새로운 아이들이 어느새 그 자리를 대신한다.

어떤 아이들이 이곳에 와서 살게 되는 걸까. 그 아이들은 원래 어디에 살았던 것일까. 알코올 중독자인 아버지의 폭행을 피해 거리를 헤매다 이곳으로 온 아이, 성폭행을 당했지만 보복이 두려워 집에 가지 못하는 아이, 부모의 이혼이나 재혼 등으로 집에 있기 싫어진 아이, 그중에는 그런 환경을 견디지 못해 소년원 신세까지 진 아이도 있다. 윤공부 목사는 단호하게 말한다. "아이들은 잘못이 없다"고.

심지어 아이들 중에는 온 정성을 다 쏟아도 얼마 견디지 못하고 공동체를 나가는 경우도 있다. 그때마다 공동체 사람들은 상처를 받지만, 그 조차도 감내하는 것은 아이들을 사랑하기 때문이다. 윤 목사 말처럼, 상처받기 싫다고 사랑하지 않을 수 없기 때문이다.

"예수님도 십자가를 지기 위해 이 땅에 오셨어요. 권세를 물리치고 이 땅의 왕이 되고자 오신 게 아닙니다. 이 땅에 누군가 상처받자고 사는 사람이 있어야 되겠다 싶었어요. 그래야 누군가 위로받고 사랑받지요. 상처받기 싫어서 사랑 안하는 건 병든 것이에요. 요즘 한국 교회가 이벤트만 외치니 힘이 없습니다. 하나님과의 내적인 관계, 정신을 갖고 살아야 해요. 사람 몇 명 모이는 게 얼마나 중요하기에…… 하나님이 원하시는 내가 되는 것이, 하나님이 가장 원하시는 일이에요. 사람들은 자꾸 그런 것보다는 성공·성취·능률의 우상에 사로잡혀서 살지요……"

영혼을 위한 삶의 현장, 공동체

바깥 생활을 하며 밥도 제대로 못 먹었던 것일까. 공동체에 처음 들어온 아이들 중에는 식사 시간만 되면 다 먹지도 못할 정도로 밥을 산처럼 퍼서 자기 앞에 두는 경우가 많다는 말에 마음이 아리다. 김은숙 사모는 명절 때만 되면 일반 가정에서도 잘 하지 않는 갖가지 명절 음식을 손수 장만한다. 명절 음식도 모르고, 세배하는 법도

모르는 아이들을 위해서이다. 그런 정성에도 10년 가까이 함께 살았던 아이가 사춘기로 접어들자 집을 나가버리기도 했다.

김은숙 사모는 확신에 차서 이렇게 말한다.

"아이들이 말을 안 듣고 뛰쳐나가는 걸 볼 때마다 참 속상했어요. 아이들 대학 등록금까지 장학헌금으로 따로 예치해두고 있는데……. 그런데 속상해 하다 보면 '어머나, 하나님 앞에서 내 모습이 이랬구나' 할 때가 많아요. 우리도 말씀대로 살면 되는 걸 알면서도 그렇게 안 살잖아요. 십일조까지 가져가는 아이들을 보면서 '얘네가 돈이 없으니까 이렇겠구나' 싶으면서도 '나도 십일조 떼먹은 적 있지' 싶어요. 상대방을 통해 자신을 빨리 돌아보고 깨달을 수 있게 되니까 하나님이 공동체를 예뻐할 수밖에 없겠다는 생각이 들어요. 우리는 조금이라도 더 하나님과 가깝게 살아야 해요. 공동체는 어느 특정인을 위한 삶이 아니라 서로의 영혼을 위한 하나님이 만들어 준 삶의 현장이거든요."

오늘 저녁은 리디아 선생님이 스파게티를 만들기로 했다. 재미 교포 2세인 그는 어려서부터 사회적 약자에 관심이 많았다. 대학 졸업 후 고아원 봉사활동을 알아보던 중 지인으로부터 그나라공동체를 소개받고는 주저 없이 한국에 왔다. 그는 이곳에서 아이들에게

영어를 가르치고 있다. 유창하지는 않지만 한국어를 곧잘 하는 그
가 말한다.

"성경을 보면 예수님이 평범한 사람들 혹은 죄인 취급받던 사람
들과 함께 하셨잖아요. 그래서 저도 그런 사람들과 지내는 게 맞는
것 같아요."

이곳에서 지낸 지 이제 일주일인데 아이들은 어디를 가나 '리디아
쌤'을 찾는다. 미국이라는 큰 나라에서 온, 예쁘게 생긴, 착하고 친절
한, 스파게티를 만들어 주는, 남자만큼이나 스포츠를 잘하는, 유창
한 영어 실력까지 갖춘 리디아 선생님은 아이들에게 금세 동경의 대
상이 되었다.

"당연히 부럽죠. 나도 미국에서 살고 싶어요. 영어도 잘하고 좋잖아요."

중학교를 중퇴하고 검정고시를 본 뒤 수능 준비를 하다가 학원 공부를 따라가지 못해 학원을 그만 둔 이의 마음이다.

우리 학교, 참나무청소년배움터

공동체를 시작할 당시 고등학교 3학년이었던 윤 목사의 큰 아들 윤용희 씨는 대학 졸업 후 자발적으로 공동체에 들어와 살고 있다. 그는 현재 참나무청소년배움터의 시설장이다. 참나무청소년배움터는 아이들의 학교다. 학생 수가 유동적이라 정규 과목을 체계적으로 가르치는 데에는 어려움이 있다. 하지만 외부 자원봉사 선생님들이 매주 배움터로 오고 공동체 식구들도 한 과목씩 맡아 수업을 진행하고 있다. 일종의 대안학교인 셈이다.

"이전 배움터는 교육 위주였어요. 학력 수준이 떨어지는 상태로 사회에 나가면 다시 소외되기 때문이죠. 그들을 재사회화하기 위한 교육이 필요했어요. 전에는 20대 전후 또래가 들어왔지만 지금은 초등학생, 중학생 위주로 공동체에 들어오고 있어요. 그 아이들에게는 교육보다 보호와 가정에 대한 경험이 필요해요. 그래서 일단 공동체

에 들어오면 최대한 편히 쉴 수 있도록 배려를 하고 있어요. 아이들 대부분 거리에서 지낸 경험이 많기 때문이죠."

최근에는 이곳에서 검정고시로 중학교 졸업 자격을 획득하고 공동체를 나가는 경우도 늘고 있다. 공동체를 통해 가정이 무엇인지 인식하고 집으로 돌아가 일반 고등학교에 진학하는 것이다. 그런 면에서 보면 이곳을 나가는 게 나쁘다고만 볼 수 없다. 다만 윤용희 씨는 아이들이 이런 결정을 스스로 하도록 돕고 있다. 사회적으로는 안전한 거처도 없이 불안해 보일 수 있지만 자발적으로 나가면 비행 확률도 떨어지기 때문이다.

꽃, 곧 하나님 마음

참 아름다와라 주님의 세계는
저 솔로몬의 옷보다 더 고운 백합화
주 찬송하는 듯 저 맑은 새소리
내 아버지의 지으신 그 솜씨 깊도다.
_찬송가 478장

그나라공동체가 춘천 중도로 소풍을 왔다. 설레는 마음으로 도착한 그곳은 연둣빛 일색이다.
봄볕 아래 활짝 핀 꽃과 나무
는 싱싱하고 청초하기까지 하
다. 그 꽃과 나무를 보며 공동
체 식구들은 찬송가 478장을
부르고 윤공부 목사는 꽃이 곧 하나님 마음이라고 말한다.

"꽃이 무엇이냐. 그런 질문이 들었어요. 오늘 자연으로 소풍을 나
와서 그 결론을 얻었어요. 그건 하나님 마음이에요. 꽃을 보면서 하
나님 마음을 품어야 해요. 솔로몬의 영화를 누리려고 하면 하나님
과 멀어져요. 거기에는 욕심만 있고 행복이 없지요. 그렇게 하나님
마음, 솔로몬의 영광이 이 꽃 하나 보다 못하다는 마음으로 사는 사
람들이 곧 공동체지요."

비누 방울 놀이에 열중하고 있는 정무는 초등학교 6학년으로 공
동체에서 가장 어리다. 평소에 뭐하고 노느냐는 질문에 "컴퓨터 게
임해요"라고 하더니 "게임보다 비누 방울 놀이가 더 재밌어요" 한다.
공동체에 들어온 지 이제 막 두 달째인 정무는 처음에는 공부도 안
하고 학교도 안 가겠다고 했단다. 공동체 식구들은 엄마 얼굴도 모
르고 자란 정무를 볼 때마다 꼭 안아주었다. 한 달쯤 지나니까 학교

에 보내달라고 했고, 어제는 학교에서 한 번도 안 싸웠다고 선생님으로부터 연락이 왔다고 한다.

> 얼었던 땅이 풀리고
> 새순이 돋아나 꽃이 피듯
> 아이들의 응어리가 풀리고
> 희망이 돋아나 모두가 한 송이 꽃이 되었다.

개신교 수도원을 꿈꾸며

도시 생활을 접고 시골에 들어가 공동체 생활을 하겠다고 결심했던 그때처럼, 윤 목사는 최근 공동체를 나가서 수도원을 만들 계획을 세우고 있다.

"공동체를 처음 시작할 때부터 영성을 추구했어요. (이곳이) 규모가 커지고 사람들과 관계를 맺게 되고 그룹홈으로 인가받고 (재정적으로) 보조받으니 사무적인 일까지 하게 됐는데 나는 그런 얘기를 들어도 무슨 말인지를 몰라요. 나는 이제 여기까지구나 싶습니다. 내가 (공동체를) 나가는 것이 공동체에 도움이 돼요. 여기 있으면 나에게 이래라 저래라 할 사람도 없고 편하죠. 그런데 그게 좋은 걸까요. 나

는 뭐든지 영적으로 생각합니다. 나는 일 자체를 중요시 여기지 않아요. 하나님은 일이 아니라 나에 대해 관심이 많으시거든요. 그러니 일이 잘못되었다고 하나님이 나를 미워하시지도 않습니다. 사람들은 그렇게 생각하지만 그게 아니에요. 중요한 것은 하나님과의 영적인 관계지요. 하나님과의 교제보다 세상적 안주로 나가는 건 위험합니다. 여기는 내가 없어도 다 잘해요. 오히려 내가 끼면 거추장스럽지요. 어떻게 일이 진행될지 지켜보며 기도해주세요."

오랜 세월 공동체에 헌신해 온 윤 목사 없는 그나라공동체, 사람들이 그것을 잘 받아들일 수 있을까. 행여 후원이 줄어들지는 않을까. 걱정이 되는 건 내 쪽이었다. 그러자 오히려 윤 목사는 "걱정하면 안 된다. 걱정하면서는 일 못한다"고 했다. 먼저 그의 나라와 의를 구하면 다 주신다는 것이 정말이라고 하면서 말이다.

"한 번도 걱정해본 적 없어요. 지금까지 자립의 '자'도 생각해본 적 없어요. 내가 떠난다니 식구들이 걱정을 해요. 믿음 없는 소리입니다. 어떻게 하나님 일 하는 사람이 그런 걱정을 합니까. 하나님은 출장 안 가셨어요."

개신교 수도원을 세우기 위해 2008년 6월부터 3개월간 걷기 기도를 했던 윤 목사는 2011년 현재, 충남 태안 소원면 법산리에 영성수련원 '말씀원'을 세워, 사모와 함께 지내고 있다. "너희가 내 말에 거하면 참으로 내 제자가 되고 진리를 알지니 진리가 너희를 자유롭게 하리라"(요한복음 8:31~32)는 말씀에서 그 이름을 찾았다고 한다. 소원을 이루기 위한 성격이 짙어 보이는 기도원이 아닌 본질을 회복하는 곳, 하나님과의 깊은 만남을 통해 참된 나를 회복하는 곳인 말씀원. 윤 목사는 한 달에 한 번 그곳을 방문하는 이들과, 또 (장신대 겸임교수로서) 대학원 학생들과 '거룩한 독서'를 하고 있다.

간만에 전화를 드렸는데, 전화기 너머 들려오는 윤공부 목사의 웃음이 여전히 호탕하시다.

"그때 기억나요? 걷기 기도할 때, 같이 걷고 과일 깎아 주던 게 생각이 나요. 그때 하늘이 참 맑았잖아요."

전국을 걷고 포천으로 접어드는 기도의 하룻길을 동행했던 기억을 생생히 간직하고 있었다. 따뜻한 눈물이 가슴을 흐른다. 이 책을 읽는 이들에게 한 말씀해주십사 부탁드리자 명료하게 한 말씀만 하셨다.

"제가 할 말은 분명해요. 하나님을 만나야 합니다."

경기 포천 그나라공동체

주소 : 경기도 포천군 일동면 화대2리 152
전화 : 031) 536-2208

찾아가는 길

버스를 이용할 때 : 동서울터미널에서 일동까지 가는 표를 구입 후 사창리, 다목리 행
버스를 타고 일동에 내려서 공동체로 전화해 안내를 받으면 된다.

자가용을 이용할 때 : 일동-구리 간 외각 순환도로를 타고 구리 방향으로 가다가 구리
요금소에서 내려서 계속 달리면 일동 이정표가 나온다. 일동면을 지나 5분 정도 북쪽
으로 가다 보면, 오른쪽에 제일유황온천이 나온다. 온천 지나자마자 마을로 들어가는
길이 있다. 마을길로 1Km 정도 올라가면 그나라공동체이다.

얼마나 좋은가 한 데 모여 사는 것

7장

어부의 아내들, 신나다
해뜨는바다

오늘 우리의 기도는 자기를 강화하는 기도입니다.
하지만 나를 비우는 게 기도의 진짜 의미지요.
그 원형이 예수 기도입니다.
의식을 넘어 전의식의 상태에서 하나님의 현존을 경험하고
궁극적으로 기도가 기도를 하도록 하는 것이죠.

그게 노동의 기도이기도 하고요.

사랑은 인간을 창조했고
겸손은 인간을 구원했다.
_빙엔의 힐데가르트

"물론 돈을 많이 벌면 좋지예. 우리는 한 달에 알로에 효소 팔고 조합원 배당금으로 5만 원 받거든예. 힘들어도 땀이 나도 그거 받으면 기분 좋아서 자장면 한 그릇 사먹고 행복해하는 공동체는 우리밖에 없을겁니더. 뜨끈한 마음 없으면 일도 못합니더."

"요즘 5만 원은 아들 과자 값이지예. 그래도 돈 있는 사람들 몇 백만 원 값어치가 있는 거라예. 나쁘든 좋든 항시 공동체로 작업하기 때문에 고마(그만) 마음이 서로가 니불통내불통 하는 게 없고 변함이 없어예. 니불통내불통은 다툼이 없다 이 말입니더."

알로에 효소를 만드는 생산 공동체 '해뜨는바다' 회원인 조영선

씨와 강무영 씨의 말이다. 흐르는 땀을 닦으며, 가난해도 행복하다
는 것을 여지없이 자랑하는 '해뜨는바다'를 찾아 거제도로 갔다.

　우리나라에서 두 번째로 큰 섬 거제도. 내리쬐는 태양 빛에 후텁
지근한 습기가 더해져 말 그대로 거제는 여름을 맞고 있었다. 거제도
에 오롯이 자리한 알로에 효소를 만드는 생산 공동체 '해뜨는바다'
에서 여름의 꼭짓점을 찍었다.

알로에 효소가 익어가는 해뜨는바다

서울 남부터미널에서 버스 타고 달리기를 4시간 반. 거제 고현터미
널에 도착하면 바로 시내버스로 갈아탈 수 있다. 버스를 타고 30분
쯤 해안을 끼고 달리다가 거제면사무소 정류장에 내리면 오른쪽 골
목 두 번째 건물이 거제광림교회. 그곳에 해뜨는바다가 있다.

알로에 효소에 얼음을 띄워 시원하게 한 잔! 더위가 가시려나. 일
반인들에게 효소가 낯설게 들릴 수도 있겠다. 알로에 효소는 알로에
잎과 설탕을 일대일 비율로 항아리에 담가 발효시켜 만든 음료다. 가
정에서는 원액 그대로 설탕 대신 쓸 수도 있고 위장 질환, 변비, 피부
트러블 등에 좋단다. 하지만 약이 아닌 건강음료라서 꾸준히 먹어야
효과를 볼 수 있다.

해뜨는바다는 2003년 4월 (사)신나는조합 경상지회로 발족해서 5
년째 알로에 효소를 만들고 있다. (사)부스러기사랑나눔회에서 빈곤
층 복지사업으로 시작한 신나는조합은 저소득 계층에게 무담보로
소액대출을 해주는 마이크로크레딧 사업을 하는 그라민은행(총재
무함마드 유누스)의 한국지부이기도 하다.

해뜨는바다를 만든 사람들은 거제광림교회 교인들이다. 이곳에
정원기 목사, 조영숙 사모가 부임한 것이 2003년 1월의 일이었다. 조
영숙 사모는 어부의 아내들을 위해 뭔가 해야겠다고 생각했다. 한

달에 25일을 바다에서 생활하는 어부들이 받는 월급이 100만 원 남짓에 불과했기 때문이다. 그는 다섯 명의 조합원들과 함께 '해뜨는바다'라는 이름을 만들어 신나는조합에서 500만 원을 대출받았다. 이들은 거제의 특산물인 알로에로 알로에 효소를 만들기 시작했다.

열 개의 항아리에 알로에 효소를 담갔고 사업의 규모는 점점 커졌다. 지금은 80년 된 항아리를 포함해 120여 개의 항아리가 발효실을 빼곡히 채우고 있다. 처음에 대출받은 500만 원도 갚았다. 언론에 알려지기도 몇 번, TV 출연도 했다. 하지만 작년부터 매출이 점점 줄어들고 있단다. 작년에는 월수입이 200만 원은 됐는데 올해는 100만 원 정도로 떨어졌다. 또 올해는 재고량이 많아 판매만 하고 효소는 담그지 않기로 했다.

사랑한다, 사랑한다

일주일에 세 번씩 조합원들이 교회에 모인다. 효소를 담그진 않지만 여름이면 날이 더워서 일이 많다. 오전 10시, 발효실에서 작업이 한창이다. 항아리도 효소도 살아 있어서 습기 조절이 필수다. 유수복 씨가 항아리를 닦으면 강남이 씨는 습기에 젖은 창호지를 갈아준다. 그러면 옆에 있던 조영선 씨는 명랑한 말투로 "사랑한다"고 말하며 항아리를 쓰다듬는 식이다.

특히 중요한 건 마음가짐. 이들은 기분이 좋지 않을 때는 작업을 하지 않는다. 작업하는 사람의 감정에 따라 물 입자가 변해 맛이 달라질 수 있다는 것을 책에서 본 다음부터다. 그래서 발효실에 항상 음악을 틀어놓고 엄마가 아이 매만지듯 항아리를 쓰다듬는 것이다. 밖에는 폭염 특보로 찌는 듯한 더위가 이어지는데 이렇듯 온 정성을 기울일 수 있는 힘은 조영선 씨가 말한 뜨끈한 마음 때문에 가능한 듯 보인다. 유수복 씨가 어제 주문받은 것들을 포장하며 말한다.

"처음에는 일이 서툴러서… 뭘 해야 할지 몰라서 가만히 서 있고 그랬지예. 지금은 니는 뭐해라 안 해도 스스로 자기 일 찾아서 하거

든예. 한 사람은 병에 스티커 붙이고 한 사람은 포장하고. 사람이 적어도 손발만 맞으면 된다고, 우리가 지금 그렇거든예. 자기 할 거 자기가 다 찾아서 하니까 힘들고 그런 거 없습니더."

주문을 받으면 두레 일꾼, 조영숙 사모가 꼭 하는 게 있다. 손 편지를 쓰는 일이다.

"물건을 살 때 가끔 편지를 복사해서 보내주시는 분들이 있어요. 그 편지만 받아도 진솔함이 묻어나니까… 고마운 마음에 일일이 편지를 써서 보내요."

알로에 효소가 우리 몸 어디에 좋은지, 보관은 어떻게 해야 하는지 알려주기도 하고, 단골 손님들을 기억해서 안부도 묻는다.

예수 기도 따라, 예수의 삶 따라

주 예수 그리스도여, 하나님의 아들이여,
이 죄인을 불쌍히 여기소서.
예수 그리스도여, 자비를 베푸소서.

단순한 기도문을 반복해서 조용히 읊조린다. 이렇게 하여 하나님과 함께 숨 쉬며 깊은 기도의 자리로 나아간다. 이런 짧은 문장을 반복하는 기도를 '예수 기도'라고 부른다. 이곳 사람들은 예수 기도뿐 아니라 개신교와 천주교가 공동으로 만든 리마예식에 따라 예배를 드리고 있다. 정원기 목사는 예배의 회복을 위해 먼저 기도를 회복해야 한다고 강조한다.

"오늘 우리의 기도는 자기를 강화하는 기도입니다. 하지만 나를 비우는 게 기도의 진짜 의미지요. 그 원형이 예수 기도입니다. 의식을 넘어 전의식의 상태에서 하나님의 현존을 경험하고 궁극적으로 기도가 기도를 하도록 하는 것이죠. 그게 노동의 기도이기도 하고요."

잠을 자는 순간에도 심장이 뛰듯 예수님의 이름이 삶에 흐르도록 기도에 젖어 사는 것. 그렇게 사람들은 기도에 젖어 알로에 효소를 만들고 "이게 좀 잘 팔리면 좋을 텐데…" 하면서도 싱긋 생긋 웃는 바람에 옆 사람에게도 웃음 바이러스를 퍼뜨렸다.

순수한 마음들이 모여서…

조영숙 사모는 처음 거제에 내려왔을 때 우울증을 앓았다. 이방인처럼 던져진 공간에서 모든 것이 마뜩찮았을 것이다. 하지만 지금은 공동체의 핵심에 서서 외로워 할 틈도 없이 열심히 살고 있다. 그에게 몇 가지 질문을 했다

다른 공동체에 비해서 여러 가지로 환경이 열악한 것 같네요.

"이분들은 배운 것도, 인맥도, 돈도 없어요. 처음에는 뭘 시켜야만 하고 교회 아니면 갈 곳도 없었죠. 그래서 그런지 누구보다 착하고 순수한 분들이세요. 그러니까 이 공동체가 해체되지 않고 가는 것 같아요. 이분들에게는 정말로 공동체가 필요한 거죠. 그러니 오히려

의식 있는 분들은 잠깐 왔다가 떠나시더라고요."

그래도 공동체가 유지되는 게 쉽지는 않았을 텐데요.

"2003년 9월에 태풍 '매미'가 와서 피해가 컸어요. 그때 유수복 집
사님 댁이 침수가 돼서 냉장고가 둥둥 떠다니고 그랬죠. 그 집사님
네 식구들이 갈 데가 없어서 교회 식당에 와서 한 달을 살았어요. 그
때 보니까 이분들이 단결심이 있더라고요. 5일 동안 전기가 안 들어
오는데 서로 교회에 와서 밥 지어먹고 얘기하고 지붕 고치고 하시더
라고요. 알로에 효소 만드는 걸 시작은 했지만 잘 될까 싶었는데 그

모습을 보니 '잘 되겠다' 그런 생각이 들더라고요."

가장 힘들었던 때는 언제인가요.

"알로에를 어느 집사님 댁에서 사서 효소를 만들었어요. 그분이 하는 알로에 농장에 가서 품앗이로 일해주고 일당 대신 알로에를 받은 거죠. 저희 교회에 나오고 싶다고도 하시고 효소 만드는 방법도 알려달라고 해서 알려주고, 어느 날은 시청 직원이 와서 사진도 찍어가길래 우리 도와주려고 그런가 보다 했는데 우리 몰래 알로에 효소 공장을 차렸더라고요. 우리가 하는 걸 보고 장사가 될 것 같아서 그랬나봐요. 국내 최초로 알로에 효소를 개발했다고 신문 광고를 내고 시장님 모셔서 시음회도 하고. 그걸 제가 거제 신문에서 본 거예요. 기가 막히잖아요. 당장이라도 찾아갈까 했는데 나중에 소식 들으니 공장 문 닫았다고 하더라고요."

해오름 공부방도 하고 계시는데 소개 좀 해주세요.

"제가 교육학을 전공했거든요. 또 여기 오기 전에 공부방을 했어요. 여기 아이들이 가정 형편이 열악해요. 편부모 밑에서 자라거나 부모가 이혼해서 조부모가 키우는 집도 많고요. 그런 아이들을

데려다가 처음에는 밥이라도 잘 먹이고 공부 좀 봐줘야지 하는 마음으로 시작했어요. 그게 2004년 2월이었고 2005년 12월에 정식으로 지역아동센터로 등록을 해서 지금은 정부에서 지원도 받고 있어요. 저도 사회복지사 자격증도 따고 후원자 연결도 하고 선생님도 두 분 계시고. 아이들이랑 같이 지내고 나면 하루가 엄청 바쁘게 지나가요."

힘든 만큼 보람을 느끼실 때도 많을 것 같네요.

"사실 아이들이 없으면 저도 없지요. 아이들이 엄마처럼 대해줄

때 제일 감사해요. 마음 속 고민들 털어놓고 얘기하는 게 쉽지 않잖아요. 진실한 마음으로 대하니까 아이들도 그 마음을 알아주는 것 같아요. 저는 3월이면 아이들 학교에 꼭 찾아가요. 담임선생님 만나서 상담도 하고, 면사무소도 자주 찾아가지요. 여러 방법으로 도와주시는 분들이 생겨서 예전에 몰라서 못 받았던 도움도 받고 있어요. 기초생활수급자 증명서 제출하고 무료로 학습지도 하고 있고, 시내 극장에서 후원해주셔서 한 달에 한 번씩 영화도 보러 간답니다.

이번에 경상남도에서 가정 형편이 어려운 아이들에게 중국여행을 시켜주는 행사를 하는데 공부방 우희가 가게 됐어요. 각 지역에서 한 명씩 가는 건데 시청에서 우리 우희를 추천해주었어요. 우희

오빠 호섭이는 '취업해서 공부방 후원하겠다'는 말도 하는데 그 말만 들어도 고마워요. 다음 주에는 기업 후원으로 공부방 아이들이 서울 나들이도 갈 계획이에요."

해뜨는바다는 가난했다. 어쩌면 이들에게 가난은 여름 하늘에 소낙비처럼 당연한 것인지도 모른다. 그래서 이들은 욕심 없이 몹시도 낙천적으로 충실히 삶을 일구고 있는 건 아닐까. 아침부터 쓰르라미가 운다. 오늘도 몹시 더우려나 보다. 시원한 바람 한 줄기 해뜨는바다로 흘러가 '덕분에 저도 충실히 잘 지내고 있어요'라고 전해 주면 좋겠다.

주소 : 경남 거제시 거제면 동상리 528
전화 : 055) 633-0574

찾아가는 길

버스를 이용할 때 : 서울 남부터미널에서 거제 고현행 버스(4시간 반 소요)를 타고 고현터미널에 도착하면 바로 시내버스로 갈아 탈 수 있다. 시내버스를 타고 30분 쯤 지나 거제면사무소 정류장에 내리면 오른쪽 골목 두 번째 건물이 거제광림교회이다.

8장

말씀이 육신이 되어
오두막공동체

옛날 우리 마을에는 좀 모자란 사람도 있었고
성질 나쁜 사람도 있었어요.
그래도 마을 공동체에서 그들이 받아들여지고
오히려 마을에 활력을 주기도 했거든요.
우리가 그런 공동체를 만들 거예요.
장애인과 노약자도 함께 살면서
서로 도울 수 있도록 하는 거지요.

네 이웃의 실수에 너무 마음을 쓰지 말아라.

_이그나티우스

"공동체를 파괴하는 사람들과 공동체로 살고 있습니다. 우리 식구들은 세상에서 버림받은 죄인 중의 죄인이에요. 교도소 출소자와 알코올 중독자인 그들은 쉼터에서도, 노숙 생활에도 적응하지 못하고 어디에도 갈 곳이 없지요. 술 먹고 싸우다가 다쳐서 늘 구급차를 부르고 경찰서도 단골입니다. 개과천선한 사람이 있다고 말하고 싶지만 가뭄에 콩 나듯 가끔 있는 일이고 대부분은 실패의 연속입니다. 사람들은 성과가 없는 일을 왜 하냐고, 왜 그런 사람들을 거두냐고 묻기도 하지요. 하지만 우리가 그들을 보살펴야 사회로 불똥이 튀지 않습니다. 최소한 대구 지하철 참사나 강남 고시원 화재 같은 일이 일어나지 않도록 막아야지요. 어떤 일을 벌일지 모르는 사람들이니까요. 그러다 내가 죽으면요? 그럼 순교하는 것이고요."

실패하고 또 실패하지만...

비가 내리는 오후다. 비틀어진 땅을 적시어 얼마 전 심어둔 배추를 자라게 할 이 비를 얼마나 오래 기다렸던가. 비를 기다리던 심중의 갈증까지 너끈히 해소해줄 만큼 넉넉히 비가 내렸다. 그야말로 금비였다. 금비를 반가워하는 오두막공동체 최영희 권사와 함께 차를 타고 공동체로 가는 동안 제법 많은 이야기를 들었다. 온화한 표정과 달리 사실은 공동체가 가장 힘든 시기를 보내고 있다고 그는 말했다.

"오늘 아침에는 알코올 중독으로 정신병원에 있던 우리 식구가 자살했다는 연락을 받았어요. 우리가 할 수 있는 게 아무것도 없다는 무력감에 빠져서 지난날들을 자꾸 돌아보게 되네요. 그래도 어떤 분들은 우리 식구들을 뿔 달린 도깨비처럼 생각하기도 하는데 그렇지 않아요. 술만 안 마시면 다 착해요. 요즘은 공동체의 체질을 바꿔보려고 하는 중이기도 하고요."

출소자들과 함께 사는 공동체를 방문하는 것, 조금 겁도 났었다. 또 실제로 죽음을 선택한 그분의 이야기를 들으니 인생의 무상함이 문득 가슴 한 편을 치고 달아나는 듯도 했다. 하지만 공동체의 이야기를 전하는 최영희 권사는 이상하리만큼 시종일관 생기가 있었다. 묘하고도 따뜻한 기운을 받으며 경남 합천 쌍백면 하신리에 자리한 오두막공동체에 도착했다.

역시 기우였을까. 그곳에는 뿔 달린 도깨비들이 살고 있지 않았다. 그러니까 그들이 빨간 줄 그인 사람들이라고 해서 지레 겁먹고 경계해야 할 뿔 달린 도깨비가 아니기도 하거니와, 현재 대부분은 전문가들의 도움을 받기 위해 병원에 입원중이어서 만날 수가 없었다. 다섯 명의 식구가 공동체를 지키고 있었다. 이재영, 최영희 부부, 일년 전부터 함께 살고 있는 장혜선 권사와 그의 아들 은영기 군, 그리고 김영수 할아버지다. 다들 다른 사연과 아픔이 있지만 오두막을

144 얼마나 좋은가 한 데 모여 사는 것

만나 행복한 삶을 살고 있었다. 저녁 식사를 하고 해가 떨어져 어두워진 시골의 밤을 맞아 일찍 잠자리에 들었다. 내일 일찍 장례식에 가기로 했기 때문이다.

빛보증일지라도 기꺼이⋯

아침을 먹고 바로 길을 나섰다. 이재영, 최영희 부부는 아무도 울어줄 이 없는 ○○ 형제의 쓸쓸한 빈소로 가고 있다. 이재영 대표는 "어제 (그가 자살했다는) 연락을 받고 그저 참담했다"고 말한다. 그는 마지막 가는 이가 쓸쓸할 것이 못내 안타까워 가족을 수소문해서 형수와 조카가 그의 장례식에 참석하도록 연락했다. 20년 만의 만남이었다. 죽은 김 씨는 생전에 술만 먹으면 파출소에서 깽판을 쳤고 기억하는 겨울 풍경이라곤 교도소밖에 없는 사람이었다. 오두막공동체를 만나서 처음으로 따뜻한 겨울을 보낸 그였는데⋯⋯.

"○○ 형제가 외롭고 힘들어 죽기까지 결심하도록 어려울 때 저희들이 무심하였음을 주님께 회개합니다. 이 죄를 용서하여 주십시오. 또 주님께서는 성령을 훼방한 죄 외에는 모두 용서한다 하셨으니 그가 이 세상에서 지은 모든 죄를 용서하시고 목숨을 끊은 죄라도 용서하여 주시기를 간절히 청하옵고 천국으로 인도하여 주시기를 간절히 소망합니다. 여기 남아 있는 형제자매들도 괴로움, 고통의 사슬에서 풀어질 수 있도록 도와주십시오. 우리 힘으로는 할 수 없습니다. 우리 마음속에 주의 사랑이 가득하게 하셔서 이와 같은 불행한 일이 다시는 일어나지 않게 도와주십시오."

발인 예배를 하며 드린 이재영 대표의 기도에 아픔이 묻어난다. 그가 출소자들과 처음 인연을 맺은 것은 1983년이다. 출소자들의 임시 보호시설인 갱생보호공단으로 자원봉사 활동을 다니던 그는 문서 선교의 꿈을 안고 출소자들을 대상으로 <에바다>라는 월간지를 창간하고 같은 이름으로 인쇄소도 시작했다. 교도소의 문이 열리라는 의미에서 지은 이름이었다. 1990년까지 모두 35권의 잡지를 낸 이들 부부는 주변에서 도움을 구할 때마다, 심지어 그것이 빚보증일지라도 기꺼이 서 주었다. 잠언에서는 빚보증을 서지 말라고 했지만 이들은 오 리를 가달라고 요청하는 이에게 십 리를 가주라는 말씀을 떠올리고 그렇게 했다. 결국 재정이 바닥을 드러냈고 1990년부터 2000년까지는 사업을 하면서 돈을 벌었지만 그때마저도 어려운 이들을 돕느라 그들은 돈을 모으는 것이 무엇인지 모른 채 지냈다.

2001년, 이들은 모든 사업을 정리한 후 이전에 <에바다>를 만들었던 것처럼 <문 밖에 서서>라는 잡지를 새로 만들기 시작했다. 그 잡지도 출소자들을 대상으로 만들었다. 갱생보호공단에 일주일에 한

번씩 가서 예배도 드리고 상담도 하면서 십 년 전 그들의 걸음을 이어 걸었다. 잡지를 오래 만들지는 못했지만 그후로 예상하지 못했던 삶이 이들 앞에 펼쳐졌다.

우리가 무슨 일 하는지 알면 안 돼

2002년, 갱생보호공단에서 인연을 맺은 이가 공단에서 나와 갈 곳이 없자 부부를 찾아온 것이다. 며칠만 머물게 해달라고 부탁하는 그를 따뜻하게 맞아들일 수 있었던 것은 성경대로 살겠다는 이들 부부의 간절한 바람 때문이었다.

"이 소자 중 하나에게 냉수 한 그릇이라도 주는 자는 내가 진실로 너희에게 이르노니 그 사람이 결단코 상을 잃지 아니하리라"(마태복음 10:42)는 말씀이 부부를 휘감았다. 그후 머물던 이가 며칠만 더 묵게 해달라고 했고 나 같은 친구가 더 있다며 데려왔다. 그렇게 10평도 안 되는 집에 열일곱 명의 식구가 모였다.

이들은 울산에 임시 거처를 마련하고 인근 경주에 땅을 사서 공동체를 일구려는 희망에 찬 계획을 세웠다. 하지만 땅까지 샀는데 주민들의 차가운 반대가 빗발쳤다. 궁여지책으로 2006년, 전국에서 제일 땅값이 싸다는 이유로 지금 사는 합천으로 이사를 왔다. 이재영 대표는 이 마을 사람들은 아직 자신들이 어떤 일을 하는지 잘 모른

다고 했다. 알면 큰일 난다는 너스레 같은 말도 함께 했다.

하지만 출소자들만 모아놓고 사는 것은 교도소 밖의 또 다른 교도소 같았다. 한 사람을 잘 보살피려면 이들을 잘 돌볼 수 있는 바탕이 좋은 공동체가 필요했다.

"이곳에서 그런 공동체를 만들려고 했어요. 우리 식구들도 동참시켜서 자급자족할 수 있도록 사업도 하고 집도 지으려고 했죠. 그런데 일을 하다 보면 나 혼자 남아 있는 거예요. 그런 일이 반복되면서 내가 교만했던 게 아니었나 싶은 마음도 들었어요. 최근에는 면허 없이 수술해 주겠다고 아픈 사람의 배를 가른 것은 아닐까 하는 무능감이 몰려오기도 했고요. 아무리 잘 해줘도 나아지질 않아요. 제 속이 다 썩은 것 같아요. 그런데… 우리가 썩어야 열매가 맺히거든요."

어떻게 이런 삶이 가능할까. 궁금증만 커진다. 함께 사는 김영수 할아버지도 같은 고백을 한다.

"가만히 보면 사람이 저럴 수도 있을까 싶어요. 저라면 죽었다 깨어나도 저렇게 못 살아요. 우리 식구들이 나처럼 성질머리가 안 좋고 사고만 쳐서 우리 때문에 쫓겨 살다시피 하는데도… 한겨울에도 보일러가 고장났다니까 달려와서 고쳐주고… 저 양반이 나보다 어리지만 정말 존경스러워요."

하지만 이재영 대표는 겸손으로 대답한다.

"젊었을 때 저도 성질이 불같아서 맞장 뜰 때도 있었어요. 멱살 잡고 고함도 질렀죠. 어떤 날에는 자다가 벌떡 일어나 다 죽여 버릴까 하는 생각도 했어요. 그런데 기도를 하니 이 사람들이 조금씩 불쌍해졌어요. 시간이 지나니까 하나님께서 이런 일을 감당할 수 있는 은혜도 주셨고 이들이 하는 짓이 어린애 같아서 귀여워 보이기까지

했어요. 결국 이 사역을 통해 제가 제일 많이 변했지요."

이재영 대표를 만나 신앙을 얻게 된 부인 최영희 권사도 한마디 덧붙인다.

"남편을 처음 만났을 때 이 사람이 믿는 하나님이라면 나도 믿어 보고 싶다는 생각으로 신앙을 가지게 되었지요. 그래도 이런 사역 을 하다 보면 힘들 때가 많아요. 그럴 땐 성경도, 하나님도 잘 모르 니까 남편한테 큰 소리도 치고 화도 냈는데 이젠 뭘 좀 아니까, 남편 이 성경 말씀을 얘기하면 그게 옳다는 걸 알기 때문에 반박을 못하겠어요"(웃음).

손해 봐도 약자를 돕는 게 믿음

새벽 다섯 시 반. 조양이 떠오르기도 전에 어슴푸레한 산길 따라 주춤주춤 30분을 걸어가니 수탉들이 아침을 알리는 소리가 들려온다. 이곳은 나중에 공동체가 터를 잡고 살 곳으로 지금은 닭 900여 마리를 먼저 기르고 있다. 모이와 물을 주러 영기가 닭장으로 들어가도 닭들이 미동만 할뿐 긴장하지 않는 게 눈에 보였다. 동물 앞에서 심약해지는 나도 닭장 안으로 들어가고 싶은 용기가 생길 정도였다. 물론 닭들은 내가 긴장하지 않도록 얌전히 길을 내주었다.

공동체는 그들의 생계를 도맡고 있는 달걀에 대한 자부심이 실로 크다. 그럴만한 이유가 있었다. 요즘 대부분의 양계장은 밤을 낮 삼아 닭에게 알 낳기를 강요하며 잠을 재우지 않는다. 항생제, 색소를 쓰는 건 누구나 아는 일이다. 하지만 여기서 키우는 닭들은 시중에서 인기가 좋은 유정란에도 비교가 안 될 만큼 품질이 좋다. 배합사료를 먹이지 않고 100퍼센트 유기농 사료를 직접 만들고 청정한 자연에 방목하며 키우기 때문이다. 유기농 사료는 싸라기, 쌀겨, 생선, 톱밥 발효 사료와 비지 발효 사료 등으로 만드는데 오두막공동체가 처음으로 100퍼센트 유기농 사료를 만드는 데 성공했다.

최영희 권사는 유기농 사료를 만들기까지 무척 어려웠다고 했다.

"처음에는 사료를 개발하는 게 너무 힘들어서 식구들이 다 포기하자고 했어요. 닭들이 하루 200개 씩 달걀을 낳다가 15개까지 떨어졌으니까요. 배합사료를 먹여도 됐지만 거기 들어가는 옥수수가 유전자 조작한 거라는데 그런 걸 어떻게 닭들에게 먹이느냐며 남편이 자가 사료 만드는 걸 포기하질 않더라고요. 결국 토착미생물과 유산균 확대 배양하는 기술을 개발했고 달걀 숫자도 정상으로 회복했어요."

공동체에서는 시중에 팔면 더 비싸게 팔 수 있는 달걀을 알음알음 아는 이들에게 싼 값에 판다. 오두막에서 짓는 농사도 모두 유기농인데 얼마 전 수확한 감자 100박스를 가까운 이들에게 선물로 보냈다. 품질이 좋아 제값 받고 팔 수 있는 걸 굳이 사람들에게 나눠주고 이윤에 목매지 않는 건 '잘 되거나 규모가 커지는 것을 경계하고, 손해를 보더라도 약자를 돕는 것이 믿음'이라고 생각하기 때문이다.

유기농으로 농사를 짓는 이유도 특별하다.

"씨앗을 심으면 싹이 나는 게 당연한데 거기에 농약을 친다거나 인위적으로 비료를 준다면 경쟁과 탐욕이라는 부정적 결과를 낳지

않을까요? 우리 형제들은 풀과 동물의 분뇨 심지어는 자신들의 분
뇨를 썩혀서 만든 퇴비 냄새를 맡으면서 자신들의 삶도 비록 썩어진
삶이었지만 이제는 이렇게 새 생명을 위한 밑거름이 될 수 있다는
걸 깨닫게 됩니다."

누구나, 언제든지 올 수 있는 오두막

기도할 수 없을 만큼 약한 사람이 없고 기도받지 않아도 될 만큼
강한 사람이 없다고 했다. 약하고 아픈 공동체 식구들이지만 이들
도 누군가를 돕는 기쁨을 누리고 산다. 식구들은 근처 밀양과 삼랑

진에 사는 재가 장애인들을 찾아가 매월 목욕 봉사를 한다. 최영희 권사는 "순간이긴 하지만 누군가를 도울 수 있다는 것에 식구들이 스스로 감동한다. 봉사하는 그 시간은 잘 살아보려는 의지를 되새기는 시간"이라고 말했다.

그래서 더욱 출소자들만 모인 공동체가 아닌 도움이 오가는 공동체 구조가 필요하다는 생각을 한 것이 합천에 이사 오면서부터였다.

"옛날 우리 마을에는 좀 모자란 사람도 있었고 성질 나쁜 사람도 있었어요. 그래도 마을 공동체에서 그들이 받아들여지고 오히려 마을에 활력을 주기도 했거든요. 우리가 그런 공동체를 만들 거예요. 장애인과 노약자가 함께 살면서 서로 도울 수 있도록 하는 거지요."

공동체는 이곳 1만 3000평의 땅에 7평짜리 오두막 50채를 지을 계획이다. 그 집에는 삶에든, 신앙에든 누구든 쉼이 필요한 사람들이 아무 조건 없이 와서 지낼 수 있다. 공방과 야생화 식물원도 만들려고 한다. 더불어 절제학교(술·담배·마약), 귀농학교, 선교학교를 만들 것이다. 범죄 환경에서 벗어날 수 있도록 돕고 이들을 제3세계 선교사들을 돕는 보조선교사로 파송하는 꿈도 꾸고 있다.

그 일을 언제 다할까 싶다. 재정도 일손도 부족해 보였기 때문이다. 하지만 스리슬쩍 길을 내고, 집 지을 터를 닦는 오늘 하루가 이들에게는 가장 큰 희망처럼 보였다. 일 년을 십 년처럼 길게 느끼며 힘든 시간을 보냈지만 그랬기에 오늘이 더욱 소중한 게 아닐까. 이재영 대표는 이런 일을 하면서 스스로 변하는 것, 살아낸 만큼 말하는 것이 필요하다고 말했다.

"하나님이 인간을 위해 성육신하신 것처럼 내가 변화하는 게 우선이에요. 말씀이 '육신'이 되는 것이지 '영혼'이 되는 게 아니거든요. 높은 곳을 지향하거나 믿고 싶은 대로 믿어서는 안 됩니다. 한국 교회의 신학이 '죄'를 규정하는 신학이 아닌 '화평'의 신학으로 바뀌어야 하는 것도 같은 의미이지요. 사람들이 설교를 들으면서 영적 유희를 즐기고 있어요. 설교하는 사람은 그가 살아낸 만큼만 설교해야 해요."

그래서일까. 인근 지역에서 10여 명의 목사들이 그를 찾아왔다. 신학을 배운 적도 없는 그에게 목사들은 성경을 가르쳐달라고 말했다. 그의 말, 그의 삶이 조금씩 열매를 맺는 것 같다.

경남 합천 오두막공동체

홈페이지 : cafe.daum.net/odumaklove2
주소 : 경남 합천군 쌍백면 하신리 543
전화 : 055) 934-0576

찾아가는 길

버스를 이용할 때 : 진주 혹은 합천 버스터미널까지 와서 합천(혹은 진주) 방향 시외
버스를 타고 쌍백면에서 내려서 공동체의 전화 안내를 받으면 된다.

자가용을 이용할 때 : 경부고속도로 - 김천 JC에서 중부 내륙 고속도로 - 동고령
에서 88 고속도로 - 합천, 고령 IC - 33번 국도 - 30km 전방 쌍백면 장전리 방
향 - 3km 전방 우측 하신리 마을 - 3km 전방에 오두막공동체가 있다.

9장

목적을 버리는 은혜
성공회 프란시스 수도회

"희망 없는 시대에 하나님은 희망이에요."
희망이 잘 보이지 않는 때에 크리스토퍼 수사가 건넨 희망은 시대에 대한 희망이요,
사람에 대한 희망이요, 그 희망을 가능하게 하는 하나님에 대한 희망이었다.
기도와 노동, 환대로 희망을 만들어가며 실천적 복음과
자발적 가난을 살아가는 성공회 프란시스 수도회.

희망 없는 시대에 하나님은 희망이에요.

　겨울 마당의 얼어붙은 수도꼭지처럼 차고 메마른 시대다. 엄혹한 거리를 슬픈 얼굴로 지나는 이들 넘어, 희망이 잘 보이지 않는 때에 크리스토퍼 수사가 건넨 희망은 시대에 대한 희망이요, 사람에 대한 희망이요, 그 희망을 가능하게 하는 하나님에 대한 희망이었다. 기도와 노동, 환대로 희망을 만들어가는 성공회 프란시스 수도회.

실천적 복음, 자발적 가난을 따라

　2월 24일 서울 청량리역, 대학생들이 삼삼오오 때로는 무더기로 기차에 올랐다. 새 학기를 앞두고 강촌으로 놀러가는 이들 틈에 끼어 어색하게 자리를 잡았다. 프란시스 수도원에 가는 길이다. 나도 놀러가는 길이나 다름없다. 가는 동안 여행길의 여유로움을 만끽하고 수도원에서 지내는 동안은 일손도 거들고 즐겁게 밥을 먹으면 되

　는 거다. 그러다 보면 자연스레 차 한잔 나눌 수 있는 관계가 되는 게 사람 사이 아닌가.

　그런 생각을 하다 보니 어느새 북한강으로 접어든 기차가 강촌에 다다르고 있었다. 강촌역에서 내린 학생들이 무리 지어 유원지로 빠져 나간 뒤, 역사 오른쪽에 어설피 서 있는 버스 정류장에서 5번 버스를 탔다. 30분을 가서 내린 발산리 종점에서 20분쯤 더 걸었더니 강촌 아닌 깡촌 어드메 같은 그곳에 수도회가 있었다.

　"사람들이 강촌 아니고 깡촌이라고 하는데 저희는 빛나는 광촌으로 만들려고요." 스테파노 수사가 순전한 얼굴로 말했다.

프란시스 수도회는 성인 프란시스(Francesco)의 정신을 따라 살아가는 형제 수도 공동체이다. 13세기 이탈리아 중부의 작은 마을 아씨시에서 부유한 집안의 아들로 태어난 프란시스는 '나의 교회를 세우라'라는 주님의 부르심을 받고 쓰러져가는 교회를 세웠을 뿐 아니라 가난한 이웃의 삶을 세우는 일에 투신한 성인이다. 고요한 곳에서 늘 기도하고 이웃을 돌보며 살았던 프란시스는 죽기 2년 전 예수님의 상처와 같은 오상(五傷)을 받았다고도 전해진다.

기도하고 일하고 환대하며...

▲ 로렌스 수사

수도회를 처음 만들 때부터 함께한 로렌스 수사가 수도회의 지난 이야기를 들려주었다.

"대한성공회에 형제 수도회가 없을 때 공동체 생활에 관심 있는 형제들이 모여 한 달에 한 번 정기모임을 했습니다. 그 모임에서 수도생활을 해보자고 했고 실천적 복음, 자발적 가난 속에 살았던 프란시스 성인처럼 살고자 뜻을 모아 지금의 수도회를 만들게 되었지요. 처음에는 대한성

공회 성가수녀원에 가서 영적 지도를 받았습니다. 1993년에 성가수녀회에서 운영하던 인천의 노인요양시설 안나의 집이 비어서 그곳에 들어가서 수도생활을 시작했어요. 성가수녀회에서 성공회 프란시스 수도회(SSF) 호주 관구에 연락을 취해 지도 수사로 크리스토퍼 수사님이 한국에 와 주셨고 지금까지 저희와 함께 지내고 계십니다.”

처음 수도회를 시작한 형제는 네 명이었으나 지금은 로렌스 수사만 초기 멤버이다. 1995년부터 함께했고 지금은 이곳 수도회의 수호자(수도원장)인 스테파노 수사, 초창기 지도 수사로 한국에 들어왔다가 14년째 머물고 있는 크리스토퍼 수사, 작년 12월부터 수도생활을 시작한 청원자 라파엘 형제가 함께 지내고 있다.

다른 수도회와 마찬가지로 프란시스 수도회 수사들도 3대 서약을 한다. '청빈·순결·순종'이 그것. 수도복에 두르는 끈의 세 개 매듭이 이를 뜻한다. 더불어 수도회는 '기도·노동·환대'의 정신에 맞게 하루 네 번 기도하고 일상에서 노동하며 이곳을 찾는 손님들을 극진히 대접한다. 취재하러 간 기자에게도 "취재하지 말고 기도하고 편히 쉬다 가라" 하신다. 결국 삼 일 동안 쉬는 게 취재가 되었다.

저녁상에 수저 놓는 것까지도 수사들이 직접 챙기신 후에 둥그렇게 서서 감사의 기도를 올리고 식사를 했다. 특별히 사순절이 시작되는 재의 수요일을 앞둔 저녁이라며 크리스토퍼 수사가 팬케이크를 만들었다. 평소보다 소박하게 밥상을 내는 사순절 기간을 앞두고 전례를 따라 달콤한 음식을 먹는 것이다. 절기에 큰 의미를 두지 않고 지냈는데 새삼, 때를 따라 예수의 삶을 묵상하고 기억하는 것에 숙연함을 느낀다.

밤 9시. 하루를 닫는 기도 시간이다. 성공회 예전에 서투르긴 하지만 하루 네 번의 기도는 그 시간을 따로 가진다는 것만으로도 의미가 있었다. 생각을 멈춤으로써 자유를 느끼고 행동을 멈춤으로써 쉼을 누린다.

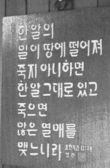

한알의
밀이 땅에 떨어져
죽지 아니하면
한알 그대로 있고
죽으면
많은 열매를
맺느니라
요한복음 12:24

오늘 밤도 복된 참빛 영화로운 내 하느님

크신 권능 날개 아래 저희 몸을 품으소서(1절).

저희 영혼 주님 품에 평안하게 잠듭니다.

밝은 아침 주님 섬길 새로운 힘 주옵소서(4절).

_성공회 성가 302장

마음 모아 기도하며 날마다 회심합니다

밤과 아침 사이의 고요함을 깨고 사순절 첫 날이 밝았다. 어두움은 '실재'가 아니라 밝지 않은 '상태'일 뿐이라는 말이 아침이 되자 선명해졌다. 여명을 맞으며 아침 기도를 하고 매일 아침마다 하는 감사 성찬례도 했다. 문득 원초적인 궁금증이 일었다. 수사들에게 기도는 어떤 의미일까.

로렌스 수사는 기도를 '투신'이라고 말했다.

"기도는 습관이 아니라 전심전력을 다 하는 투신이어야 해요. 때가 되면 밥 먹는 것처럼 시간이 되어서 하는 기도에는 환희가 없어요. 여기서 기도할 때 사용하는 텍스트의 대부분이 성경이에요. 말씀을 한 문장 한 문장 마음을 모아 읽고 기도하다보면 마음이 달라

지는 걸 느끼실 거예요. 기도를 통해 마음에 기쁨이 샘솟고 저의 경우 날마다 기도의 회심을 합니다."

오전에는 산책을 다녀오고 채광이 좋은 방에서 일기도 쓰고 성경도 읽었다. 손님방은 가정집과 구조가 같아 거실에서 차도 마실 수 있고 집 한쪽에는 도서실도 있다. 도서실에 난로를 피워놓고 책을 읽으며 한껏 호사를 부려본다. 자연과 더불어 마음껏 쉼을 누릴 수 있도록 배려해주는 것. 많은 이들이 이곳을 방문하는 이유인가 보다. 손님들은 3일 혹은 4일 동안 머물 수 있고 수사와 면담을 통해 기간을 연장할 수도 있다. 특히 이곳에는 성공회가 아닌 개신교인들도 많이 온다. 수도원하면 떠오르는 분위기와는 달리 편안하고 유쾌하게 지낼 수 있고, 내 모습 그대로 환대받을 수 있는 게 이곳으로 발걸음을 옮기게 하는 힘이 아닐까. 크리스토퍼 수사가 "우리의 역할은 여기 오시는 분들에게 '하느님의 환대'를 느끼게 하는 것"이라고 말했는데 바로 그 '하느님의 환대'를 다복이 느낀다.

숨의 결을 따라, 꽉 찬 침묵으로…

스테파노 수사가 슬리퍼 차림으로 장바구니를 들고 마당으로 나온다. 수도원 뒤편의 피정의 집에 묵을 손님들의 식사거리를 들고 올라가는 길이다. 소탈한 웃음에 정감 있는 말투가 수도복 차림과 만나 엄숙하면서도 더없이 푸근하다. 내 질문에는 언제나 자신은 저자에서 주워들은 말을 할 뿐이라고 겸손을 보이시지만 허투루 말하는 법이 없다. 당연하지 않은 것을 당연한 듯, 당연한 것을 당연하지 않은 듯 바라보는 맑은 마음도 예사롭지 않다.

"프란시스 성인이 가난한 자들, 한센병 환자들을 도와준 게 아니에요. 누군가를 도와준다는 건 그에게 당연한 것이었어요. 그는 그들 안에서 고통받고 힘들어 하는 하느님을 보았으니까요. … 흔히 하루에 네 번 있는 기도를 성무일도(聖務日禱)라고 하는데 이 말은 기

▲ 왼쪽부터 스테파노 수사,
크리스토퍼 수사, 로렌스 수사

도의 가치를 드러낼 수는 있지만 현대적으로 볼 때 꼭 맞는 말은 아니지요. 기도만 거룩한 일과라고 할 수 없으니까요."

크리스토퍼 수사는 이곳의 요청으로 1994년에 처음 한국을 방문했다가 부르심을 받아 이듬해부터 프란시스 수도회 호주 관구에서 파송받았다. 한국 프란시스 수도회를 일구는 데 큰 몫을 했고 지금까지 한국에서 지도 수사로 지내고 있다. 이웃을 위해 기도하면서 그의 뜻대로 기도하지 않고 이미 아시는 하나님께 맡겨드리는 모습에서 꽉 찬 침묵을 본다. 또한 '예수기도'를 하는 그의 모습에서는 숨의 결을 느낄 수 있다.

"기도를 할 때 호흡에 맞춰 예수기도를 해요. 들숨에는 'Jesus christ son of GOD(하느님의 아들 예수 그리스도시여)'까지 기도하고 날숨에는 'Have mercy on me a sinner(이 죄인을 긍휼히 여기소서)'라고 기도해요. 이 기도를 통해 죄인인 내가 하느님을 알 수 있지요."

로렌스 수사는 산골 소년처럼 수줍으면서도 풋풋함을 지녔다. 고등학교 때 본 프란시스의 삶을 그린 영화가 아직도 마음에 남아 있다는 그는 여전히 고민한다. '시간이 지나면 프란시스 성인처럼 잘 살 수 있을까. 지금 제대로 살고 있는가.'

　"수도복을 입고 있는 게 때로는 외식처럼 느껴지기도 해요. 그럴 때마다 다시금 기도하면 주님이 수도 생활을 하는 지금 모습이 예쁘다고 응답해 주시니까……."

　주제와 목적이 뚜렷한 여느 수도회와는 달리 이곳에서만큼은 내 의지를 부리는 것이 무의미하다. 일단 멈추고 쉬면서 분답한 마음이 정결해지는 것을 은혜로 받으면 된다. 자연과 말씀을 통해 주어지는 무한한 은총은 겨울나무가 새봄을 맞는 것처럼 설레고 흥분되는 일이다. 그래서 프란시스 수도원은 언제나 봄 같다.

강원 춘천 성공회 프란시스 수도회

홈페이지 : www.francis.or.kr

주소 : 강원 춘천시 남면 발산리 156

전화 : 033) 263-4662

찾아가는 길

전철을 이용할 때 : 청량리역에서 경춘선을 타고 강촌역에서 내린다. 강촌역에서 가정리행 5번 버스(1~2시간 간격으로 있음)를 타고 발신치안센터 정류장에서 내리면 수도원까지 도보로 1km 정도 걸린다. 기차역 오른쪽 버스 정류장 옆에서 택시 이용 시 요금은 12,000원쯤 나온다. 택시 기사에게 구 발산초등학교 위쪽의 성공회 수도원 가자고 하면 된다.

버스를 이용할 때 : 동서울버스터미널에서 춘천행 버스를 타고 춘천터미널에서 내려서 터미널 앞 버스 정류장에서 5번 버스 이용 후 가는 길은 위와 같다.

10장

이곳은 기도하는 집입니다
예수원

한국 교회에서 예수원을 모르는 이가 드문 것은
예수원 식구들이 '기도가 곧 노동이요, 노동이 곧 기도'라는 정신으로 살았고
지금도 살고 있는 바로, 그 삶이 있기 때문일 것이다.

사람이 하나님의 뜻을 행하려 하면 이 교훈이 하나님께로서
왔는지 내가 스스로 말함인지 알리라

_요한복음 7:17

"오늘 우리가 함께 읽은 이 말씀은 대천덕 신부님 묘비에 적혀 있
는 말씀이기도 합니다. 대 신부님은 선교사가 되려고 결심했을 때 하
나님의 살아계심을 믿지 못하는 자신을 발견하고 매일 아침 채플에
참석하면서 성경을 묵상했습니다. 그때, 대 신부님은 이 말씀을 보
고 마음의 중심에 누가 있어야 하는지 생각하신 것이지요. 대 신부
님의 삶을 인도하신 하나님의 말씀을 통해 오늘 우리 마음의 중심
에 누가 계셔야 하는지 생각하면 좋겠습니다."

하루를 시작하며 말씀을 읽는 시간. 오늘 읽은 신약의 말씀은 요
한복음 7장이다. 하루 한 장씩 구약, 시편, 신약을 읽어 온 사람들, 또
이곳을 처음 찾은 50여 명의 손님들……. 우리 모두는 말씀에서 하
나님을 찾고 하나님의 뜻을 구하고 하나님의 흔적을 좇아 사는 예

수쟁이들이다. 온 하루를 예수쟁이로 살기 위해 오늘 읽은 이 말씀을 받들어 살겠다고 기도한다. 어제까지만 해도 서울이었는데, 어느새 강원도 태백 산골짜기에 와서 아침 기도를 드리고 있다. 이곳은 예수원이다.

산속에서의 단순한 삶

중국에서 선교 활동을 한 아버지를 따라 중국과 한국에서 성장기를 보낸 대천덕 신부(Reuben Archer Torrey III)는 1957년에 한국 전쟁으로 피폐해진 성 미가엘 신학원(현 성공회대학교) 재건을 도와달라는 요청을 받고 한국에 왔다가 1965년, 부인 현재인 사모(Jane Grey Torrey)와 강원도 태백 하사미리에 기독교 공동체 '예수원'을 세웠다. 한국 교회에서 예수원을 모르는 이가 드문 것은, 2002년 주님의 부르심을 받은 고 대천덕 신부를 비롯해, 이곳 예수원 식구들이 '기도가 곧 노동이요, 노동이 곧 기도'라는 정신으로 살았고 지금도 살고 있는 바로, 그 삶이 있기 때문일 것이다.

그 삶이 궁금했다. 한편에서는 미화되기도 하고 다른 편에서는 자신의 필요를 찾아 왔다가 정작 이곳 식구들과는 한마디도 하지 않고 돌아가는, 그래서 예수원 식구들이 어떤 삶을 살고 있는지도 잘 모르는 이들의 삶. 그 삶을 보아야 진짜 '예수원'을 볼 수 있을 것 같았다.

태백 시외버스터미널에서 출발한 하사미행(예수원행) 버스에는 예수원으로 가는 손님들로 가득했다. 서서 가는 사람도 있었다. 30분쯤 달려온 버스는 손님들을 내려주고 가벼운 깃털처럼 다음 정거장을 향해 날아갔고, 사람들은 줄을 지어 예수원 골짜기로 오르기 시작했다. 20분쯤 걸었을 때, 누군가 '예수원에 가면 스머프의 집들을 볼 수 있을 것'이라고 한 대로 동화에서나 보았음직한 집이 눈에 들어왔다. 그리고 곧 손님부를 비롯해 도서관, 기도실, 티룸(tea room) 등이 있는 시온에 도착했다.

손님부에서 방문자 카드를 쓰고, 휴대전화도 맡겼다. 시계 역할을 했던 휴대전화 대신 오랜만에 사용하는 손목시계는 아무래도 불편했지만 예수원에 온 사람들처럼 나도 똑같이 지내면서 이곳 사람들을 만나보자는 처음 생각을 떠올리자 다시 기대가 되었다.

그 기대가 만난 현실은 이런 것이었다. (이곳에 있는 모든 이들을 '형제, 자매'라 부르는 대로) 자매 손님의 숙소는 가버나움이었다. 예수님은 가버나움에서 "어린아이와 같지 않고는 천국에 들어갈 수 없다"(마태복음 18:3)고 하셨다. 그 말씀에서 따온 이름대로 방에 들어가자 창문에 뇌문 장식(실톱으로 도려내는 세공)으로 그려진 예수님과 어린아이들의 모습이 보였다.

아브라함 헤셸이 표현 불가능한 것에 대한 '놀람'을, 하나님을 발견하는 증거, 단초라고 했던가. 그 창문 장식이 표현 불가능할 만큼 아름다워 놀랐다면 좋았을 것을, 그래서 그 속에서 하나님을 발견했다면 좋았을 것을. 나는 밤에 자려고 누운 바닥이 차가워서 놀랐다. 세면실에서 얼음같이 찬 물로 씻어야 했을 때 놀랐다. 소기도실에서 기도하고 나왔을 때 깜깜한 밤하늘에 무수히 많은 별들이 있어 놀랐다. 조도(아침 기도)를 위해 나사렛(예배실)으로 가면서 새벽녘에야 겨우 볼 수 있는 그믐달을 보고서 놀랐다.

따뜻한 집, 따뜻한 물, 도시의 백야, 해 뜬 다음에야 일어나는 생활에서는 경험할 수 없는 것들을 느끼고 보고 놀란 그 경험은, 하루

가 지나도록 헤셸이 말한 그 '놀람'과 비교해 볼 때 부끄럽기도 하고 그럼에도 그 속에서 어떻게 또 하나님을 만날 수 있을까 궁리하게 했다.

놀람은 그 자체로 그치지 않고 이제 무엇을 할 것인지 고민해야 신앙의 뿌리가 된다고 했기 때문이다. 본래 그가 전하려던 의미와 조금도 어울리지 않는 이런 식의 고민을 하면서도 나는 나름대로 하나님을 만나가는 중이었다. 환경의 변화, 특히 단순하고 소박한 이곳 사람들의 생활양식에 적응해가는 과정은 오늘 내 삶이 얼마나 풍요롭고 게으른지에 대한 반성으로 이어졌다.

사람들이 예수원을 찾는 이유

고 대천덕 신부와 함께 예수원을 설립한 현재인 사모는 대 신부가 소천하고 예수원 대표이사로 취임한 후, 사람들의 기우와는 달리 어느 때 보다 열심히 기도하고 왕성한 활동을 하고 있다. 어제는 올해 개교한 예수원의 대안학교 '생명의 강 학교' 행사로 서울에 다녀왔다. 바쁜 일정 중에도 그를 찾는 손님들이 많았는데 나도 기회를 얻어 그의 방에서 이야기를 나눌 수 있었다. 차를 마시며 이야기하는 내내 그의 청명한 눈동자에는 흔들림이 없었다. 건강은 괜찮으신지 여쭈었는데, '이상 무'라는 대답에 안도를 느낀 것은 누가 들어도 감사한 대답이어서가 아니었을까.

이곳에 오면서 가장 궁금했던 질문은 이것이었다.

수많은 사람들이 예수원에 찾아옵니다. 그들이 예수원에 기대하는 것은 무엇이고, 예수원은 사람들에게 무엇을 기대하나요.

"이토록 많은 사람들이 예수원을 찾는 것이 놀라워요. 일주일에 100분의 손님이 다녀가신답니다. 그분들을 직접 만나서 이야기도 나누고 싶고 필요를 채워 드리고 싶지만 현실적으로 어려운 일이라는 것을 잘 알고 있어요. 다만 이곳에 하나님이 계시므로 그것이 감사하

지요. 하나님이 하실 수 있으니까요. 주님이 우리를 통해 일하시기를 기도하지만 동시에 하나님이 그들을 만나 주실 것을 믿습니다."

사람에 대한 기대나 그들의 필요에 대한 인간적 응답은 현재인 사모의 관심사가 아니었다. 할 수 있는 만큼 하되, '예수원'이라는 공간에 함께하시는 하나님이 그 사람들을 만나 주신다는 믿음. 지금까지 45년 동안 '손님맞이'를 하면서 하나님이 얼마나 많은 일들을 해 오셨는지 봐 왔기에 가능한 대답 같았다.

하지만, 나는 여전히 궁금했다. 그토록 많은 이들이 예수원을 찾지만 한국 교회는 사람들의 물매를 맞으며 끙끙거리고 있지 않은가. 도대체 무엇이 문제일까. 하나님을 깊이 만났다고, 예수원이 정말 좋다고 말했던 그 사람들이 한국 교회에서 전혀 힘을 못 쓰고 있는 건 아닐까. 예수원에 그 책임을 떠넘기고 싶진 않았지만, 무거운 질문인 건 알지만, 궁금한 걸 못 참고 돌려돌려 여쭈었다.

한국 교회에 가장 큰 문제, 시급하게 해결해야 할 문제가 무엇인가요.

"무거운 질문이네요. (잠시 침묵…) 무엇보다 성령님에 대해 열려 있어야 해요. 세상의 끝이 언제일지 모르기에 우리는 늘 깨어 준비하고 있어야 하고요. 다니엘서(12:4)에 보면 마지막 때에 사람들이 빨

리 왕래하며 지식이 더할 것이라고 했거든요. 이런 때에 세상에 치우쳐서는 안 되지요. 좋지 않은 일들이 곳곳에서 일어나고 있어요. 쉽지 않겠지만 하나님의 방법이 무엇인지 그 뜻을 찾고 그 길로 가야 하지 않을까요."

누구나 하나님의 뜻을 이야기하는 것 같은데요. 하지만 정말 하나님의 뜻이 무엇인가를 어떻게 분별할 수 있을까요.

"하나님의 말씀을 더 깊이 공부해야지요. 또 성령의 능력 안에서 살아야 해요. 하나님의 말씀에 순종한다면 그 뜻을 알 수 있을 거예요."

분명하고 바른 대답이었지만, 오 리나 되는 짙은 안개에 휩싸인, 말 그대로 오리무중 상태로 빠져드는 기분이었다. 저녁 기도가 끝날 무렵에야, '원래 하나님을 믿는 것은 그런 것'이라는 나름의 답을 얻을 수 있었다. 언제 내가 하나님의 뜻이 무엇인지 훤히 안 적이 있었던가. 그저 알려주시는 대로 한 걸음씩 걸어온 게 지나온 삶의 자취 아니던가. 현재인 사모의 말이 옳았다.

매일의 삶이 질문이자 곧 답

현재 예수원에는 여덟 동의 건물이 있다. 비탈을 따라 왼편에는 네 개의 건물(시온, 아나돗, 주빌리, 베들레헴), 오른편에는 종탑과 예배당, 식당, 숙소로 쓰는 나사렛이 있다. 돌계단을 오르락내리락하면서 마음 가는 곳으로 발걸음을 옮겨 다녔다. 그러면서 언제나 정해진 목적지로 가는 정형화된 습관을 삭발하는 기분이랄까, 묘한 자유를 맛보았다. 또한 천막살이로 시작한 예수원이 45년이라는 시간을 지나오면서 숱한 사람들의 수고와 땀으로 이렇게 지어졌고, 지어져 가고 있다는 사실에 새삼 감동스러웠다. 갈대로 지붕을 인 시온을 바라보면서, 운치 있는 저 풍경이 내 마음의 풍경이 되면 좋겠다는 생

각도 해보았다. 점점 예수원이 좋아지고 있는 것일까.

　예수원에는 아홉 가정, 아홉 명의 독신 형제, 자매 그리고 20여 명의 아이들까지 50명에 가까운 식구들이 함께 살고 있다. 23년째 예수원에서 살고 있는 전채리티 자매도 그중 한 사람이다. 수도 생활을 하고 싶었고 그런 때에 만난 예수원의 '산 속에서의 단순한 삶'에 빠져 이곳에 살기 시작했다는 그는 예수원이 어떤 곳인지 알기까지 꽤 오랜 시간이 걸렸다고 고백했다.

　"이곳이 '중보기도의 집'이라는 걸 아는 데까지 오래 걸렸어요. 규칙적인 생활, 소박한 음식, 수도원적인 삶이 그냥 좋았거든요. 내가 좋아하는 면만 보고 산거죠."

하지만 대천덕 신부와 사무부에서 함께 일하고 그의 강의를 들으면서, 또 '각자의 소명이 무엇인지 기도하라'는 도전과 골방에서의 기도가 점점 '중보기도로의 부르심'으로 자신을 이끌었다고 한다. 지금도 가끔은, 빠듯하게 돌아가는 일과나 손님맞이가 힘들 때가 있다. 그러나 그것이 곧 기도라는 것을 몸으로 깨달아 알 때, 이곳에 왜 살고 있는지 그 답을 얻곤 한다. 매일의 삶은 질문이고 곧 답이다.

채리티 자매와 예수원을 감싸고 있는 덕항산에 올랐다. 백두대간 17구간에 해당하는 덕항산은 예수원에 물을 공급해주고, 봄철 산나물과 각양의 꽃들로 입과 눈에 즐거움을 주는가 하면, 답답한 마음 풀어놓을 길 없을 때 조용히 기도처가 되어 주기도 하는 '아낌없이 주는 나무'와 같은 친구다.

모두가 산 정상을 향해 올라갈 때, 대천덕 신부는 저 멀리 동해 바다가 보이는, 바위를 의자 삼을 수 있는 은밀한 곳을 자주 찾아 기도하곤 했다고 한다. 하지만 예수원이 유명(?)해지면서 일이 많아지기도 했지만 건강이 악화된 후로는 산에 오르지 못하셨다. 그럼에도 은밀한 곳에서의 기도가 좋다는 것을 아는 이들은 이제 이곳에 나무 의자 하나 갖다 놓고 종종 기도하기 위해 산을 오른다.

저 아래 골짜기로 세찬 바람이 불자 나뭇잎들이 바람을 타고 날아오르기 시작했다. 해를 받은 나뭇잎들이 반짝거리기까지 하자 '나뭇잎이 꼭 팅커벨 같다'고 말하는 채리티 자매의 얼굴에 자유로운 웃음이 스쳤다. 그 모든 풍경이 퍽 잘 어울렸다. 아마 때묻지 않아서일 거다. 이런 삶이 가능한데도, 이렇게 때묻지 않은 모습으로 살 수 있는데도 우리는 모두 2박 3일, 그 잠깐의 시간만 보내기 위해 예수원을 찾는다. "관계와 몸으로 사는 곳인데 자꾸만 사람들은 배우려고 한다"는 말도, "3개월 동안 지내는 지원생은 많은데 일 년을 지내는 훈련생은 많지 않다"는 말도 모두 같은 뜻일 거다.

결국 중요한 것은 일상이란 생각이 들었다. 내 일상이 힘들어서 예수원을 찾는 것으로 그치지 않고, 예수원이 말하는 대로 단순하고 소박한 삶을 일상에 옮겨 살고, 대천덕 신부가 그토록 이야기했던 땅은 하나님의 것이라는 믿음으로 부동산 투기를 하지 않고, 이곳 사람들이 기도하는 대로 나의 자녀가 좋은 대학에 가기를 기도할 것이 아니라 입시 스트레스에 시달리는 입시생 전체를 위해 기도할 수는 없을까. 사람들의 기도의 흔적이 내게 입혀지는 것일까. 자꾸만 '진정한 기도'가 무엇인지 질문이 맴돌았다. 산에서 돌아오니 어느새 대도(중보기도)가 시작되고 있었다.

광야의 식탁을 기다리며

예수원의 재정 운영 원칙은 '믿음 재정'이라는 말로 설명된다. 일 년에 만 명 가까운 손님들이 이곳을 찾지만 후원이나 숙박비는 일 체 받지 않는다. 나무로 만든 십자가 목걸이와 기도 의자, 말린 꽃잎 으로 만든 카드, 책 등을 판 수익금과 손님들의 자발적인 헌금이 공 동체 재정을 채운다. 이루하 자매는 "믿음 재정은 필요를 아시고 채 워 주시는 하나님의 손길이 오늘 이 순간에도 유효할 것을 믿으며 '광야의 식탁'을 기다리는 것"이라고 표현했다.

정회원은 사유 재산을 갖지 않는데 그중에는 대학생 자녀를 세 명이나 둔 부모도 있었다(예수원은 고등학교 학비까지만 지원하고 있 다). 이솔로몬, 남머시 부부. 하지만 이들은 학비 마련을 위해 고심하 지 않는다. 오히려 미워하는 사람이 생길 때 그것이 제일 힘들다. 혹 시 지금 미워하는 사람이 있느냐는 질문에 솔로몬 형제는 "지금 있 으면 못 살죠"라고 대답했다. 예수원에서 지낸 20년 이상의 시간은 계속되는 주님의 손길에 응답하는 시간이었기 때문이다. 여전히 세 자녀의 학비 마련이 궁금했지만 그의 대답은 다시 '중보기도'의 필요 성으로 이어졌다.

"인간적으로는 (후원 요청) 편지도 쓰고 싶고, 간접적으로라도 도 움을 구하고 싶을 때가 있지만 이곳에서 지내면서 중보기도를 계속

하다 보니 그것보다는 우리 자녀들이 아니라 그 연령층을 위한 기도로 이끌림을 받아요."

솔로몬 형제가 예수원에서 하는 일은 쓰레기를 치우는 일이다. 어찌 보면 허드렛일이라고 할 수 있지만, 웃음도 유머도 많은 그는 자신의 일을 '취미생활'이라고 설명했다.

"눈에 보이는 일이니까 공동체에서는 수고한다는 말을 많이 하지만 여가 선용하고 있으니 수고는 아니라고, 그렇게 주책스러운 답변을 해요. 또 쓰레기 뒤지는 게 재밌거든요"(웃음).

내 인생의 터닝 포인트가 되어준 곳

예수원은 주 2회, 2박 3일 일정으로 다녀가는 손님들을 맞고, 연 2회, 3개월 일정으로 지원생을 맞는다. 또 지원생을 대상으로 1년 일정의 훈련생을 받는다. 이 훈련 기간을 2년 거쳐 정회원이 된 사람들까지, 기도의 일상을 사는 것은 같지만 각각 부르심에 따라 다른 기간을 이곳에서 지내는 것이다.

마침 내가 방문한 때는 59기 지원생들의 3개월 중, 마지막 주가 지나는 때였다. 인생의 한 때를 특별하게 보내려면 그만큼의 이유가 있어야 하는 법. 21명의 지원생 중 나이가 가장 많은 한요셉 형제는 '갈

곳이 없어 이곳에 왔다'고 했다.

"건축 디자인을 전공하고 대기업에 입사해 10년 동안 하이테크를 요하는 공장 디자인을 했어요. 개인 사업을 하다가 미국으로 가서 다시 디자인을 공부했고, 고액 연봉을 받으며 건설회사에서 5년을 일했어요."

한마디로 잘나가는 인생이었다. 하지만 단조로운 미국 생활, 뜨겁지도 차갑지도 않은 신앙생활 중에 아내와의 관계에도 문제가 생겼다. 서브프라임 사태로 직장도 그만두게 되었다. 한국에 들어왔지만 막상 갈 곳이 없었고 아내와 떨어져 지낼 필요를 느낀 그가 찾은 곳이 예수원이었던 것이다.

하루와 하루가 더해져 3개월이 가까이 왔을 때 그는 비로소 깨달았다고 한다. 한 방에서 열 명의 형제가 생활하면서, 상담이나 조언이 아니라 옆에 있는 형제의 고통에 동감하면서, 서로를 위해 기도하면서, 그들이 그리스도 안에서 한 지체라는 것을…… 만약 그가 재기에 성공해 굴지의 건축 디자이너가 된다면, 그것은 한국 교회 어느 곳에 내놓아도 손색이 없는 간증 소재가 될 것이다. 하지만 그가 꿈꾸는 미래는 그런 것이 아니다.

"멋진 일을 하는 것보다는 어떤 일을 하든 예수님의 제자임을 드러내며 살고 싶어요. 제 은사로 누군가를 도울 수 있다면 좋겠지요. 무엇보다 내 약함, 선하지 못함을 인정하면서 살면 전과는 다르지 않을까요."

예수원을 나서며

어느새 예수원을 떠날 시간이다. 하루 세 번의 기도, 하루 세 번의 식사, 원하면 할 수 있는 오전 오후의 노동. 그 단순하고도 평범한 생활 속에서 신앙의 기쁨을 회복한 사람들은 이미 이곳이 그리운 듯 떠나기를 주저하고 있었다. 아쉬움을 달래려 티룸에 들러 짧은 시간이었지만 정들었던 사람들과 차를 나누고 말씀 카드와 엽서와 목걸이를 사고 사진을 찍었다. 하지만 아침부터 예수원 골짜기를 흔들던 거친 바람에 함박눈이 더해지자 사람들은 이제 더 지체하지 말고 떠나야 할 때가 왔음을 받아들이고 하나둘 하산하기 시작했다. 오후까지 머물기로 한 나는 그들의 일상의 삶을 진심으로 응원하며 배웅했다. 먼저 말을 건네 왔던 친구, 식탁에 함께 앉기 권했던 친구, 기도 시간 자리를 내어 주었던 친구까지……

점심을 먹고 숙소 가버나움에 돌아왔을 때는 내 짐만 덩그러니 남아 있었다. 이제 곧 나도 떠날 시간이다. 이곳에 처음 들어왔을 때

가 생각났다. 가지런히 접힌 이불보를 깔고 잠을 잤고, 누군가 깔아 놓은 방석 위에 앉아 기도를 했고, 정성껏 차려 주신 밥을 다섯 끼나 먹었다. 새삼 고마운 마음이 올라 왔다. 채리티 자매의 "내 얘기 들어줄 한 사람이 없어 자살하는 사회에서, 이렇게 살 수 있다는 게 복"이라는 말이 무슨 뜻인지 알 것도 같았다.

방을 나오기 전, 이 자리에 와서 짐을 풀 누군가를 위해 마음을 모아 비질을 했다. 그것이 곧 기도임을 예수원에서 배웠기 때문이다. 현재인 사모 말처럼, 언제나 그랬듯 '이곳은 기도하는 집'으로 남아 있어야 한다는 걸 알았기 때문이다.

홈페이지 : www.jabbey.org
주소 : 강원도 태백시 하사미동 산7번지
전화 : 033) 552-0662(손님부)

찾아가는 길

기차를 이용할 때 : 청량리역에서 강릉행 기차를 타고 태백역에서 내린다(약 4시간 10분 소요). 역에서 예수원행 버스를 타고 25~30분 정도 가다가 내려, 마을 길 따라 1km정도(15~20분) 올라오면 된다.

버스를 이용할 때 : 동서울버스터미널에서 태백행 버스를 타고 태백시외버스터미널에서 내린다(약 3시간 20분 소요). 터미널에서 예수원행 버스를 타고 같은 방법으로 오면 된다.

11장

평화의 샘터
개척자들

개척자들이 공동체로 사는 이유는 이 길이 '평화를 증거하기 위해 더디지만
바른 길'이라는 신념이 있기 때문이다. 그래서 샘터 공동체뿐 아니라
현지에서도 현지인들과 더불어 공동체를 이루고 살면서 사역을 한다.
언어와 풍습, 종교와 문화 등 서로 다른 삶의 배경을 가지고
각국에서 모인 이들이 공동체로 사는 것,
그것 자체가 평화를 배우고 평화를 이루는 길임을
이들은 매일매일의 삶에서 체험한다.

나는 또 다른 복수의 전쟁이 준비되고 있는 카게라(Kagera)의 언덕에서 수없이 늘어선 난민들의 천막들을 바라보며 하나의 환상을 품게 되었다. 평화를 가르칠 온 세계의 젊은이들을 불러서 이 언덕 위에 천막 학교를 세우고 종을 울리는 것. 언덕 높은 곳에서 아래 너른 분지로 울려 퍼지는 그 종소리를 듣고 저 밑에 늘어선 난민들의 천막들에서 수많은 어린이들이 이 학교를 향해 뛰어 올라오리라. 눈을 감으면 평화를 배우겠다고 언덕 위로 달려오는 어린이들의 천진난만한 얼굴과 빛나는 눈망울이 떠올랐다.

몇 해 전, 개척자들 송강호 간사(개척자들에서는 자유롭게 서로를 호칭하는데, 다만 공식적으로 '간사'라고 부른다)가 새해를 맞으며 쓴 글의 일부다. 르완다 내전 당시 난민촌을 방문했을 때 이야기인데, 개척자들이 꿈꾸는 내일의 모습을 가장 잘 담아낸 본문이 아닐까 싶다.

　　2010년 12월 24일 성탄절 전날, 평화를 꿈꾸며 사는 사람들, 평화
를 만들며 사는 사람들의 보금자리, 개척자들 샘터 공동체에 가기로
했다. 성탄 전날에 흔히 기대하는 눈은 내리지 않았지만 그보다 더
아름다운 평화의 눈꽃과 같은 주님의 사람들을 만나러 간다는 생각
에 많이 설레었다. 평화를 배우기 위해 달려가는 아이와 같은 심정이
었다면, 적절한 표현일까.

평화를 증거하는 더디지만 바른 길

개척자들은 서울 보광중앙교회 단기 선교팀이 선교 현장에서 만난 삶의 터전을 잃어버린 이들의 비참한 현실을 위해 기도하면서 시작되었다. 1993년에 World Christian Frontiers(WCF)라는 이름으로 시작된 기도 모임은 '세계를 위한 기도 모임'이라는 이름으로 지금도 매주 월요일 서울 신설동 대광고에 위치한 나들목교회에서 열리고 있다. 기도 모임을 하면서 위험하고 비참한 어려움에 처한 세계 곳곳의 현실을 알면 알수록, 그 지역의 요구가 현실을 뛰어넘는 것이라는 생각이 이들에게 더해졌다.

5년 뒤, 송강호 간사는 청년들과 함께 앞으로 그들 삶의 과제가 무엇인지 찾기 위해 유럽 지역을 탐방했다. 이들은 기독교 공동체를 비롯해 진보와 보수를 대표하는 기독교 단체들을 방문했다. 무엇보다 보스니아의 내전 상황을 보면서 '분쟁과 갈등이 있는 곳에서 평화를 만드는 것'이 그들의 과제임을 선명하게 느꼈다.

1999년 봄, 송강호 간사는 7~8명의 청년 자원자들과 현재 샘터 공동체라 불리는 이곳에 천막을 치고 공동체를 시작했다. 그리고 동티모르에서 첫 평화 캠프를 열었다. 인도네시아의 침공으로 학살당한 피해를 안고 사는 이들을 위한 캠프였다. 이후 아프가니스탄, 이라크, 팔레스타인 등 분쟁이 일어난 지역을 찾아가 현지인들과 함께 평

화 캠프를 열었고, 1년 단위로 사역하는 '월드서비스'도 시작했다. 그렇게 하기를 11년, 올해 개척자들은 동티모르, 반다아체, 파키스탄, 말레이시아, 아이티에서 평화 캠프를 비롯해, 평화 복무(월드서비스), 긴급 구호 활동 등을 했다. 분쟁 지역에서 평화를 만들기 원하는 사람들의 사역 공동체, 그것이 샘터 공동체이다.

개척자들이 공동체로 사는 이유는 이 길이 '평화를 증거하기 위해 더디지만 바른 길'이라는 신념이 있기 때문이다. 그래서 샘터 공동체뿐 아니라 현지에서도 현지인들과 더불어 공동체를 이루고 살면서 사역을 한다. 언어와 풍습, 종교와 문화 등 서로 다른 삶의 배경을 가지고 각국에서 모인 이들이 공동체로 사는 것, 그것 자체가 평화를 배우고 평화를 이루는 길임을 이들은 매일매일의 삶에서 체험한다.

나그네들의 안식처

점심 무렵에 샘터에 도착했다. 이형우 간사의 안내로 공동체 곳곳을 둘러본 후, 점심 기도 시간이 가까워 기도실로 가서 세계를 위한 기도를 했다. 개척자들에서 판매하는 그림엽서에서 자주 봐 왔던 그 기도실, 그곳에 내가 앉아 있었다. 그림 속으로 들어와 기도를 하고 있는 나처럼, 누구든 이곳에 와서 기도할 수 있고 밥상에 함께 앉을 수 있고 잠잘 수 있다. 나그네와 같은 이들을 거북함이나 긴장 없이 받아 주는 넉넉한 사람들 덕분이다. 세계 각처에 나가 평화 활동을 할 때 현지인들에게는 이들도 나그네이기에, 그 마음 잘 알고 즐겁고 기꺼이 받아주는 것이리라.

아닌 것 같다는 사람들이 더 많지만, 낯선 이들을 만나면 오그라드는 마음을 가진 나에게 이런 자연스러운 따스함은 참말 고맙다. 솔직히, 개척자들에서는 고맙다는 마음을 갖는 게 도리어 어색할 정도였다. 어느새 가족처럼 친근했으니까.

점심 당번인 민정 간사가 준비한 맛깔 나는 음식에 삼겹살 협찬이 더해져 밥상이 한없이 푸짐했다. "우리 원래 이렇게 잘 먹는다고 하

▲ 개척자들의 기도실. 기도실 한 편에는 홀로 기도할 수 있는 골방기도실도 있다.

면 후원 줄어들지도 모른다"는 앙증맞은 농담을 던지는 이도 있었지만 다들 즐겁게 식사를 했다.

식사를 마칠 무렵, 손님이 찾아 왔다. 민정 간사의 친구라고 소개하는데 어쩜! 12월 초에 예수원에서 만났던 강수연 씨다. 처음에는 설마 하는 생각에 인사를 못했는데 수연 씨가 먼저 인사를 건넸다.

"우리, 예수원에서 만났었죠?"

같은 방을 쓰고, 마지막 날엔 함께 차도 마시며 이야기꽃을 피웠었는데 오늘 개척자들에서 다시 만날 줄은 생각도 못했다. 수연 씨는 2005년 아프가니스탄 평화 캠프에 참가했던 인연으로 개척자들과 교제하고 있다고 했다.

그런데 반가운 이가 한 명 더 왔다. 친하게 지내는 평화활동가 박정경수 씨였다. 바삐 돌아가는 서울 시계에 몸과 마음이 따라가지 못할 때면, 경수 씨는 이곳을 찾는다고 한다. 조용히 기도하고 생각하는 시간을 가지면서 자신이 하는 일의 의미를 다시 발견하고, 때로는 이곳 사람들과 왁자지껄 이야기하면서 자연스레 회복을 경험하기에 샘터는 경수 씨의 안식처다.

송강호 간사에게 "어떻게 이런 삶을 살게 되셨느냐" 물었을 때, 그는 "만남 때문"이라고 답했다. 분쟁이 일어난 지역에 직접 가서 사람들을 만날 때, 그는 사람들 속에서 타자로 오신 하나님을 만난다고 했다. 또 보수적인 신앙생활을 하던 그는 민주화 운동을 하던 친구

들, 즉 보편적 가치를 추구하는 '투쟁하는 타자'들과의 만남에서 불편한 감동을 받은 것이 자신의 삶에 영향을 받았다고 했다.

오늘 하나님이 내게 예상치 못한 반가운 '만남'을 선물로 주시는 까닭은 무엇일까. 어쩌면 이런 '만남'이 주는 즐거움과, 즐거움을 넘어서는 새로운 관계가 만들어지고 있는 것 자체가 나에게는 배움의 과정은 아닐까. 웬만해선, 스스로 친구를 찾아 나서지 않는 정적인 사람에게 하나님은 '만남'에서 오는 배움의 중요성을 직접 가르쳐 주시고 싶은 건 아니실까 하는 생각도 들었다.

Merry christmas, Frontiers!

점심을 먹고 따뜻한 햇살 한 줌 창을 통해 들어오는 시간에, 한편에서는 아이들과 보드게임을 즐기고, 한편에서는 점심 설거지 마무리를 했다. 개인이 사용한 그릇은 직접 닦기에, 뒷정리만 하면 되니 당번에게 가중한 일은 아니라 좋아 보였다. 나는 이곳 식구들이 직접 만든 흙 난로 곁을 서성이며 따뜻함을 즐기다가 난롯가 푹신한 의자에 기대 앉아 커피 한 잔을 마시는 호사도 누렸다.

나른해질 무렵, 성진 간사가 장작을 패고 있는 마당으로 나가 장작 쌓는 일을 도왔다. 차가운 바람이, 옷 입지 않은 맨 얼굴에 닿으니 알싸했지만, 산을 타고 내려와 진개울 계곡을 건너 나를 만나러 온 오염되지 않은 공기라는 생각에, 기쁘게 바람을 맞아 주었다. 어릴 적 시골에 살며 할아버지를 따라 뒷산으로 땔감을 주우러 가던 기억도 새록새록 떠오르고, 아랫목에 이불 덮고 누워 놀던 때도 생각났다. 사람들 말처럼, 그리고 지금 내가 속한 (다양한 종류의) 공동체를 생각해 보아도, 공동체로 사는 것은 이런 낭만적인 것만은 분명 아닌데, 그걸 알면서도 개척자들에 와서 나도 모르게 낭만의 꽃을 피우고 있었다. 기분이, 기운이 좋았다.

샘터 식구들의 엄마, 조정래 사모를 도와 성탄의 밤을 밝혀 줄 캔들 하우스도 만들었다. 개척자들에서 판매하는 다이어리, 한지 공

예품 등도 모두 조정래 사모가 직접 만드는데, 한 번 구경하면 탐나지 않을 수 없는 작품들이다. 최근에는 된장도 만들어 팔기 시작했는데 반응이 좋다.

그렇게 해는 저물어 가고, 개척자들이 매년 정답고도 소박하게 여는 성탄 파티가 가까워 왔다. 파티에서는 선물교환식도 있을 예정이었다. 은근히 기대가 되었다. 갖고 있는 소중한 것을 한 가지씩 가져와서 필요한 이에게 주고, 나도 그렇게 선물을 받는데, 내 소중한 것을 누군가에게 줄 수 있다는 것이 기쁘면서도, 내게 소중한 것이 누군가에게도 소중한 것일 수 있어야 한다는 생각에 내심 무엇을 선물할까 고심했기에, 가방 속에 얌전히 들어 있을 선물의 주인이 누가 될지 미리부터 궁금했다. 그리고 며칠 뒤, 샘터에 눈이 많이 왔다는 소식을 듣고 홈페이지에 들어가서, 정숙 간사가 내가 선물한 모자를 쓰고 눈을 쓸고 있는 모습을 보았을 때의 느낌이란……. 주는 것이 받는 것보다 행복하다는 것이 이런 기분이구나 싶었다.

> 흑암에 행하던 백성이 큰 빛을 보고 사망의 그늘진 땅에 거하던 자에게 빛이 비취도다. … 이는 한 아기가 우리에게 났고 한 아들을 우리에게 주신바 되었는데 그 어깨에는 정사를 메었고 그 이름은 기묘자라, 모사라, 전능하신 하나님이라, 영존하시는 아버지라, 평강의 왕이라 할 것임이라. 그 정사와 평

강의 더함이 무궁하며 또 다윗의 위에 앉아서 그 나라를 굳게
세우고 자금 이후 영원토록 공평과 정의로 그것을 보존하실
것이라 만군의 여호와의 열심이 이를 이루시리라

_이사야 9:2, 6~7

정주 간사의 사회로 시작된 파티는, 선물 나눔과 말씀의 시간, 피
아노 연주와 공연, 서울 청파교회 청년부의 방문, 이웃 대아교회 아
이들의 새벽송으로 쉼 없이 이어졌다. 그 사이 정애 간사가 단호박
과 양파를 넣어 만든 바게트, 샘이 미리 만들어 둔 예수님의 생일
떡 케이크, 조정래 사모가 만든 수정과가 사람들의 입을 즐겁게 해

주었다.

식구들이 하나둘 자연스레 잠자리로 돌아가고 나도 방으로 돌아가는데, 손님 접대를 맡고 있는 영희 간사가 손님들 잠자리를 준비하며 방과 계단을 닦고 있었다. 새벽 한 시가 넘어서의 섬김, 얼굴도 마음도 예쁜 그의 손길이 있어 이곳에서 자는 손님들의 밤이 편안할 수 있었다.

자리에 누웠지만, 쉬 잠들지 못했다. 성탄 전야의 고요한 밤은 깊어만 갔다. 개척자들에서 보낸 하루를 돌아보니, 분주한 듯하면서도 규칙과 질서, 자유와 배려가 공존했다는 생각이 들었다. 말이 아닌 삶으로 평화를 이루기 위해 치열한 자기 부인과 섬김으로 사는 하루, 그것이 즐겁지만은 않을 텐데……. 하지만 공동체로 모이지 않았던가. 진리 앞에 씨름하는 이들을 기다려 주고, 더딘 변화에도 기뻐해주며, 정직한 고백들로 화해를 이뤄가는 공동체를 통해 평화는 그렇게 지어져 가고 있었다.

자유와 구도가 실현되는 곳

성탄절 아침이 밝았다. 아침을 먹고, 식구들이 거실에 빙 둘러앉았다. 둘러앉아 주었다. 인터뷰를 하려고 한 건 아닌데, 자연스럽게 돌아가면서 개척자들로 살아온 지난 이야기들을 듣는 시간으로 오

전이 훌쩍 갔다. 덕분에 다시 개척자들 식구들을 만나면, 그 사람의 오늘만이 아닌, 그 사람의 삶을 떠올리며 관계 맺을 수 있게 되었다.

정주 간사는 하이타니 겐지오의 시를 빌려, 개척자들에 사는 이유를 들려 주었다.

당신이 모르는 곳에 여러 가지 인생이 있다,
당신의 인생이 둘도 없는 것이듯
당신이 모르는 인생 또한 둘도 없는 것,
남을 사랑한다 함은 모르는 인생을 알아간다는 것이다.

▲ 송강호 간사

"하이타니 겐지오는 교사이자 아동문학가인데요. 교사를 그만두고 전 지역을 돌아다니셨어요. 만나는 사람들의 얼굴을 자기 얼굴에 담고 싶었기 때문이래요. 자기 인생이, 자기가 만난 사람들의 인생이라고 생각했거든요. 저도, 여기 있는 사람들의 모습을 닮아가고 싶어요. 제가 지금 송강호 간사님을 보고 있지만, 그 얼굴 속에서 저는 아체에 있는 복희 언니의 얼굴, 형우 간사님의 얼굴을 보는 거예요. 또 지금 정애 언니가 하는 고민이 제 안에 담기길 바라고요. 저는 그게 '우리'라는 생각이 들어요. 개척자들의 힘은 바로 그렇게 서로를 받아들이는 것, 함께 가는 것에 있다고 생각해요. 그게 제가 아직 이곳에 있는 이유이기도 하고요."

윤애 간사는 대학교 2학년 때부터, 동티모르 평화 캠프를 5년 동안 매해 참가했다. 처음에는 전쟁 직후에 가서 무너진 집을 재건하는 일을 도왔는데, 다른 팀(평화 학교팀)이 어린아이들과 노는 것을 보고 부러워서 다음 해에도 참석했고, 매번 조금씩 아쉬움이 남아 5년을 갔다.

"뭔가 나누기 위해서 평화 캠프에 갔는데 매번 사람들에게 더 많은 걸 얻고 채움을 받는 거예요. 그래서 앞으로는 더 나누는 삶을 살아야겠다고 생각했어요. 한 달 여정인 캠프에서는 그게 힘들 것 같아서, 일 년 여정인 월드서비스를 가야겠다고 생각했죠."

그렇게 5년을 동티모르에서 보내고 그는 지난 11월 쉼을 위해 한국에 들어왔다. 성격도 취향도 더 선명하게 드러나는 공동체로 사는 삶, 그는 그게 재미 있다고 한다. 서로의 약점은 가려주고 장점은 드러내 주는, 내가 나답게 살아갈 수 있도록 도와주는 삶 말이다.

반면 송강호 간사는 2010년을 끝으로 개척자들을 떠나기로 했다.

내가 개척자들을 떠나려고 하는 이유는 너무 익숙한 환경 속에서 내 생각과 희망이 멈추어 서 있는 것 같기 때문이다. 다른 사람에게서 무엇인가 배우려 하기보다는 내 생각과 같은지 다른지만을 비교 판단하려는 오만한 나의 모습에 깊은 실망을 느낀다. … 나는 변화되고 싶다. 더 진실한 평화의 사람이 되고 싶다. 명예욕에 출렁거리지 않는 깊고 고요한 인품이 되어 다시 돌아오고 싶다. 나 자신이 공교롭게 꾸며낸 개인적인 꿈과 희망으로 젊은이들을 선동하는 사람이 아니라 역사의 요청에 응답하는 진정한 예언자로 거듭나고 싶다.

월간 〈개척자들〉 '내가 너를 떠나는 이유' 중

그는 서쪽으로 갈 거라고 했다. 베트남과 팔레스타인, 인도 등을 다니며 이 세상을 학교 삼아 다시 인생 공부를 할 거라고 했다. 그는 "완고한 평화주의자가 되어 돌아오고 싶다"고 말했다. 사람들은 그의 떠남을 슬퍼하지 않았다. 그가 돌아오기 위해 떠난다는 것을 알고 있기 때문이다. 떠남도 개척자들의 일상인 듯했다.

정애 간사에게 개척자들은 '자유와 구도가 실현되는 곳'이다.

"파키스탄에서였어요. 지진 현장에서 텐트를 나눠 주는데 너무 힘든 거예요. 그런데 그때 히말라야 산맥의 깎아지른 절벽, 그 아래로 흐르는 인더스 강을 보면서, 역사 속으로 확 빨려 들어가는 느낌을 받았어요. 미치도록 공부해 약사가 됐지만, 그 배움보다 지금 땅을 밟고 있는 이곳에서 내가 뒤집히는 듯한 경험, 배움, 그게 참 좋았어요."

배움을 통해 자유를 경험하고, 여전히 '내가 누구인지' 구도하며 결국엔 '진리의 편에 서고 싶다'고 말하는 그는 내년 2월까지로 기간을 정하고, 개척자들의 삶을 계속할 것인지 고민하는 중이다. 분쟁 현장에서 평화를 이루며 산다는 말이 절대 호락호락하지 않다는 것을, 직면했기 때문이다. 송강호 간사가 자주 하는 말, '세계가 학교'라는 말을 여전히 좋아하고 동의하는 그는 다만, 어떤 선택을 하든 어디에 있든 '개척자들'로 살 것이라고 말했다.

> 지극히 높은 곳에서는 하나님께 영광이요
> 땅에서는 기뻐하심을 입은 사람들 중에 평화로다
> _누가복음 2:14

개척자들을 나서며, 떠오른 말씀이다. 이 땅에 평화로 오신 예수님을 따라 재난과 전쟁의 고통으로 상처받은 이들을 위해 사는 개척자들. 나의 아픔을 돌보시는 하나님을 넘어, 나를 통해 타인의 아픔을 도우시는 하나님을 만나며 살아가는 개척자들을 성탄절에 만났다. 그 만남, 참 좋았다.

경기 양평 개척자들

홈페이지 : www.thefrontiers.org
주소 : 경기도 양평군 양서면 증동2리 78번지
전화 : 031) 771-5072

찾아가는 길

버스를 이용할 때 : 서울 지하철 2호선 강변역에서 일반버스 2000-1번 버스를 타고 국수리에서 내린다. 청량리에서는 167, 8, 8-2번 버스를 타고 양수리 두물머리로 온다. 국수리 가는 버스(2000-1번, 지역버스)를 타고 국수리에서 내린다.

지하철을 이용할 때 : 중앙선을 타고 국수역에서 내린다.
(국수역에서 자전거 비치대에 비치된 개척자들 자전거를 이용할 수 있다.)

자가용을 이용할 때 : 서울에서 양평 방향으로 6번 국도를 타고 오다가 국수리를 지나 오르막길을 올라오면 우측 남한강 플라자 휴게소가 보이고 좌측에 전망좋은 방이라는 모텔이 보인다. 그곳에서 좌회전 신호를 받아 내리막길로 가다 다리를 건너 우회전하여 약 150m 오면 청계리 버스 정류장과 작은 슈퍼가 있는 네거리가 나온다. 그곳에서 우회전하여 다리를 지나 계속 직진하여 비포장도로가 나오면 비포장도로 오른편 끝에 보이는 전원주택 2개를 지나 작은 언덕을 올라와서 큰바위 옆에 주차하고 왼쪽 개울 건너에 있는 빨간색 지붕 집으로 오면 된다. 방문할 때는 국수리에 도착해서 꼭 공동체로 전화해야 한다.

214 얼마나 좋은가 한 데 모여 사는 것

세상의 모든 책은 출판인의 노고를 먹고 태어납니다. 이 책도 그렇습니다. 책의 가치를 발견해주시고 보이지 않게 갖은 수고를 맡아주신 올리브북스 김은옥 대표님께 감사 인사를 드립니다.

영국의 다벨 공동체 원충연 형제님이 없었다면, 저는 출간할 용기를 내지 못했을 것입니다. 서울 성북동에 살 때, 부인 아일린과 아들 동경이와 함께 노래하고 밥상을 나누던 시간들을 오롯이 기억하고 있습니다. 프랑스 떼제 공동체에서 영적 어머니 역할을 맡아 주셨던 안나 카린(Anna Carin) 수녀님께 감사합니다. 또한 룸메이트였던 아벤라(Abenla)의 저를 향한 마음 깊은 이해는 제가 다음 여행을 준비할 수 있는 힘이 되었습니다.

〈복음과상황〉의 가족들께 감사합니다. 취재를 제안했던 재일 선배, 취재를 허락해주신 전 편집장 박찬주 간사님과 이광하 목사님, 제 글을 좋아해주신 동료 기자들(승규, 헌, 운정, 세진, 희윤), 따뜻한 배려로 격려해주신 박총 편집장님과 혜성 언니, 제 글의 팬이 되어 주신 황병구 편집위원장님, 정모세 목사님, 정정훈 선배, 무엇보다 복상의 독자들께 무한 감사합니다.

책 출간을 내 일처럼 기뻐하며 기다려 준 은혜와평화교회 가족들, 나들목교회 북악페루가정교회에도 감사를 전합니다.

가족들 한명 한명에게 감사하다고 말하고 싶습니다. 아빠 이효찬, 엄마 김춘자, 정연 언니, 중효 형부, 준혁, 가은, 순연 언니, 성우 형부, 지수, 지연 언니, 정섭 형부, 언제나 예쁜 동생들 교남, 교진, 목사이신 시아버지 김봉엽, 시어머니 김정숙, 중국 계신 큰 형님 가족(소연, 성덕, 새봄, 새희, 새진), 둘째 형님 가족(지연, 종성, 예지, 예권, 예진) 그리고 내 최고의 사람 남편 은석. 남편은 제가 책 수정 작업을 하는 동안 집안일(밥과 빨래, 청소 그리고 가계부 정리까지)을 도맡아 해 주었는데 그 솜씨 또한 월등하여 제게 감동을 주었습니다.

얼마 전, 아버지가 췌장암 말기 진단을 받으셨습니다. 힘겨운 시간을 보내고 있지만, 하나님께서 아버지의 영혼과 육체 모두를 구원해주시는 자비를 베풀어 주시기를 기도합니다. 넷째 딸을 늘 자랑스러워 하시는, 무한한 신뢰와 응원을 보내주시는 사랑하는 부모님께 이 책을 드립니다.